ARMEEN UND WAFFEN
Band 10

Herausgegeben von Martin Windrow

Johannes Müller

Friedrich der Große
und sein Heer

nach einer Vorlage von
Albert Seaton
Michael Youens (Farbtafeln)

wehr & wissen

Für die Vorbereitung der Farbtafeln, Illustrationen und Texte dienten als Vorlage „Accurate Vorstellung der sämtlichen Königlich Preussischen Armee“ von S.I.C.H. (1759), Langes „Die Soldaten Friedrichs des Großen“ (1853) und Knötels „Uniformkunde“ (1890–1909) sowie Macaulays „Frederick the Great“ und Garlyles „Life of Frederick the Great“.
Reproduktionen der Fotos mit freundlicher Genehmigung der Library of the Victorian and Albert Museum durch Berkhamsted Photographic, Berkhamsted, Herfordshire.

1. Auflage

Bearbeitung Johannes Müller, Düsseldorf
Titel der englischen Originalausgabe:
FREDERICK THE GREAT's ARMY

Gesamtherstellung: Wilhelm Möller OHG, Berlin

ARMEEN UND WAFFEN – Band 10

ISBN 3-8033-0331-1

Ursprung und Entstehung Preußens

Der Ursprung der Geschichte Preußens liegt in Brandenburg, jenem mit Wald und Seen überzogenen Gebiet zwischen der mittleren Elbe und der Oder. Germanischen Stämmen folgten im 7. und 8. Jahrhundert von Osten her einwandernde Slawen, die sich im 12. Jahrhundert mit Deutschen sowie mit Holländern und Flamen vermischten. Nach dem Aussterben der Askanier übertrug König Ludwig IV., der Bayer, das Land seinem Sohn. Er konnte sich aber dort, ebenso wie die ihm nachfolgenden Wittelsbacher, nicht durchsetzten. 1415 verbriefte König Sigmund dem Burggrafen von Nürnberg, Friedrich IV. von Hohenzollern, die Mark Brandenburg und belehnte ihn 1417 mit der Königswürde. Jener nannte sich fortan Markgraf Friedrich I. Sein Nachfolger, Friedrich II., erhob Berlin zur Residenz und beschränkte das Recht der Landstände, Steuern zu bewilligen. Das vom Markgrafen Achilles III. 1473 erlassene Hausgesetz trennte die fränkischen Besitzungen der Hohenzollern von Brandenburg und schuf die Grundlage der territorialen Einheit.

Östlich von Brandenburg lag ein Gebiet, das von Weichsel und Memel sowie der Ostsee begrenzt war. Hier lebten die Preußen. Als Pruzzen im 10. Jahrhundert erstmals erwähnt, gehörten sie wie Litauer und Letten zu den baltischen Völkern. Friedliche Versuche, sie zum Christentum zu bekehren, mißlangen. Auch eine zwangsweise Christianisierung im Zuge einer Unterwerfung der Preußen durch den Deutschen Orden im Laufe des 13. Jahrhunderts brachte nicht den gewünschten Erfolg. Der von Herzog Konrad von Masowien ins Land gerufene Deutsche Orden errichtete zur Sicherung des erworbenen Gebietes Burgen und gründete Städte. Zugleich erfolgte die Ansiedlung deutscher Kolonisten. In der zweiten Hälfte des 14. Jahrhunderts erlebte der deutsche Orden seine Hochblüte. Abgesehen von einer Opposition im Innern wuchsen die Spannungen mit Polen, die schließlich zur offenen Feindschaft wurden.

In der Schlacht bei Tannenberg erlitt der Deutsche Orden 1410 durch den polnischen Großfürsten Jagiello eine vernichtende Niederlage. Im 2. Thorner Frieden mußte der Orden auf seine westlichen Gebiete verzichten und die Oberhoheit Polens mit Heerfolge anerkennen.

Trotz Reformversuchen war die Macht des Deutschen Ordens gebrochen. Albrecht von Brandenburg-Ansbach, der als Hohenzoller 1511 zum Großmeister gewählt worden war, wandelte 1525 den Ordensstaat in ein weltliches Herzogtum unter polnischer Lehnshoheit um. 1563 sicherte man ihm dann die Erblichkeit des Territoriums zu. Johann Sigismund, seit 1608 Kurfürst von Brandenburg, trat 1618 aufgrund einer Belehnung durch den polnischen König die Nachfolge des

Ein Soldat des Dragonerregiments Nr. 1 und ein Trompeter des Kürassierregiments Nr. 12.

ohne männliche Erben verstorbenen preußischen Herzogs Albrecht Friedrich an. Das Herzogtum Preußen wurde Brandenburg einverleibt. Auf Johann Sigismund folgte Georg Wilhelm, der während des Dreißigjährigen Krieges (1618–1648) eine schwankende Politik betrieb. Die Folge davon war, daß das Land sowohl von verbündeten wie feindlichen Truppen ausgeplündert wurde und die Bevölkerung schwere Leiden zu erdulden hatte. Er floh mit seinem Hof nach Königsberg, wo er 1640 verstarb.

Nun trat Friedrich Wilhelm I., den man später den Großen Kurfürst nannte, die Herrschaft an. Er war der Urgroßvater Friedrichs des Großen. Unter seiner Regierung erstarkte Brandenburg, und Preußen wurde zu einer Macht im europäischen Kräftespiel.

Sein Vorgänger hatte ihm ein verwüstetes Land mit leeren Kassen hinterlassen. Berlin zählte noch 300 Einwohner. Die Bevölkerung Brandenburgs war auf weniger als eine Million geschrumpft. Der Große Kurfürst betrieb eine entschlossene Politik verbunden mit einer Neuordnung der Verwaltung. Im Ringen mit den Landständen hatte er in Preußen den stärksten Widerstand zu überwinden. In Brandenburg gelang es ihm, den Landtag dahin zu bringen, die Mittel für die Versorgung des Heeres auf sechs Jahre im voraus zu bewilligen, was einer weitgehenden Ausschaltung des Adels an der Regierung gleichkam. Als Ausgleich hierfür bestätigte der Kurfürst ihnen ihre Rechte und Privilegien. Damit wurde zugleich die Leibeigenschaft erneut rechtlich begründet, ja, sie wurde für die Bauern zu einer noch größeren Last.

Durch den Tod Schwarzenbergs, des maßgeblichen Beraters und Ministers seines Vaters im Jahre 1641 bekam der Große Kurfürst in der Außenpolitik freie Hand und stellte als erstes die Kriegshandlungen gegen Schweden ein. Im Westfälischen Frieden 1648 erwarb er Hinterpommern, die Bistümer Halberstadt, Cammin und Minden sowie die Anwartschaft auf das Erzbistum Magdeburg. Durch Reformen sowie durch die Aussiedlung von Einwanderern, vornehmlich aus Friesland und Holland, versuchte er, die Schäden des Krieges zu heilen.

Auf religiösem Gebiet war der Große Kurfürst äußerst tolerant. So wurden unter seiner Regierung 1671 die Juden in Brandenburg wieder zugelassen und 1685 den aus Frankreich vertriebenen Hugenotten Schutz und Asyl gewährt. 1660 erkannten Polen und Schweden im Frieden von Oliva die unabhängige Souveränität Preußens an. Aus einem zusammengewürfelten Haufen einiger tausend Mann schuf der Große Kurfürst ein gut ausgebildetes und ausgerüstetes Heer, das bei seinem Tod 30 000 Soldaten umfaßte. Es bildete die Basis seiner wendigen und kraftvollen Politik. In der Schlacht bei Fehrbellin 1675 gelang es ihm zusammen mit seinem Feldmarschall Derfflinger, ohne Hilfe von Verbündeten die Schweden aus der Mark Brandenburg zu vertreiben. 1688 hinterließ der Große Kurfürst seinem Sohn nach den Worten Macaulays „ein ansehnliches Reich, dem gleichsam die Königskrone fehlte".

Preußen wird Königreich

Der Sohn des Großen Kurfürsten, Friedrich III. (1688–1713), unterschied sich sehr von seinem Vater. Er war ein ausgesprochener Barockfürst, der Luxus und Prunk liebte. Nach zähen Verhandlungen erteilte Kaiser Leopold I. seine Zustimmung zur Erlangung der Königswürde des Kurfürsten. Am 18. Januar 1701 krönte sich Friedrich III. in Königsberg zum König Friedrich I. in Preußen. Entscheidend für die kaiserliche Zustimmung war letzten Endes die notwendige militärische Unterstützung durch Brandenburg im Spanischen Erbfolgekrieg.

Einen Tag vor seiner Krönung stiftete Friedrich den Schwarzen Adlerorden, der nur an Adlige verliehen, nach 1919 hohenzollernscher Hausorden wurde. Der Name Preußen ging auf den gesamten Staat mit allen seinen Besitzungen über. Sein Königreich regierte Friedrich I. von seiner brandenburgischen Hauptstadt Berlin aus, die er versuchte, zu einem kulturellen und wissenschaftlichen Zentrum werden zu lassen. Für die Entwicklung des preußischen Heeres war die Regierungszeit Friedrichs I. von nicht geringer Bedeutung. Rekrutierung und Unterhalt des Heeres wurden auf solide Grundlagen gestellt und mit der Bildung einer Landmiliz der Versuch einer Nutzung der Wehrkraft des Volkes unternommen. Der König hatte sich zwar als tapferer Soldat im Felde bewährt, doch überragten ihn bei der Förderung des preußischen Wehrwesens sein Sohn und sein Enkel bei weitem. Viele spätere Generäle Friedrichs des Großen sammelten in den Kämpfen bei Blindheim, Höchstädt, Cassano, Turin und Malplaquet in preußischen Kontingenten, die dem Prinzen Eugen zur Verfügung gestellt waren, ihre kriegerischen Erfahrungen. Seinem Nachfolger hinterließ Friedrich I. ein Heer in Stärke von ca. 38 000 Mann.

Friedrich Wilhelm I., der 1713 seinem Vater als zweiter König in Preußen folgte, war wiederum ganz anderer Art. Er hatte unter Marlborough gedient und beschäftigte sich stark mit militärischen Dingen, allerdings weniger mit Feldzügen als vielmehr mit der Aufstellung und der Ausbildung der Soldaten. Drill und Einzelheiten der Uniformen waren für ihn von größter Bedeutung und fanden sein besonderes Interesse. Seine Ansichten konnte man teilweise fast als krankhaft bezeichnen. Von seinem Vater hatte er die Vorliebe für militärischen Pomp und zeremonielle Dinge übernommen. Schon als zehnjähriger Knabe hatte er aus gleichaltrigen Gefährten eine Kadettenkompanie gebildet. Später formierte er dann aus großen, ansehnlichen jungen Leuten eine sogenannte „Jagdkompanie", die er mit selbstgeschnitzten Holzgewehren ausrüstete, und legte damit den Grundstock zu den „langen Kerls" der Potsdamer Riesengarde.

Friedrich Wilhelm hatte viele hervorstechende Eigenschaften. Er besaß eine Begabung für die Verwaltung und betrachtete Gewerbefleiß und Sparsamkeit als höchste Tugenden. Am Tage nach der Beisetzung des alten Königs begann er mit der Auflösung des Hofstaates, ließ das Tafelsilber einschmelzen, verkaufte die väterlichen Krönungsgewänder und verringerte die Zahl der königlichen Reitpferde auf 30. Durch diese Maßnahmen konnte er die Kosten für Hofhaltung und Verwaltung auf ein Fünftel der früheren Summe herabdrücken. Er betrachtete sich als ersten Soldaten und Diener seines Staates und lebte und arbeitete nach diesem Grundsatz.

Bei Tagesanbruch begab er sich an die Arbeit und verlangte das gleiche von seiner Umgebung und den Beamten seines Hofes. Für seine persönlichen Bedürfnisse und für die Hofhaltung beanspruchte er nur äußerst geringe Mittel. Allerdings liebte er mit zunehmendem Alter reichliches Essen, und war von beträchtlicher Körperfülle. Alle Einzelheiten der Regierung unterlagen seiner peinlichst genauen Kontrolle. Die so eingesparten Mittel verwendete er für den Ausbau seiner Armee.

Friedrich Wilhelm war von Natur aus ein Tyrann, gewalttätig und ungelenk, andererseits aber erfüllt von einem hohen Pflichtbewußtsein. Seine Kinder schlug er ebenso wie die Beamten seines Hofes und setzte sich über die Urteile der Richter hinweg. Alles Fremdländische verachtete er und hielt nichts von höherer Bildung. Am Abend begab er sich in das sogenannte Tabakskollegium, wo er pfeiferauchend und trinkend mehrere Stunden verbrachte. Zu den Gästen zählten dort Generale, Minister, Gesandte und andere Persönlichkeiten, gelegentlich auch Theologen.

Aufgrund einer sparsamen Staatsverwaltung konnte Friedrich Wilhelm I. seinem Sohn bei einer Bevölkerung von zweieinhalb Millionen Menschen ein Heer von rund 83 000 Mann hinterlassen.

Ein Musketier und ein Offizier des Infanterieregiments Nr. 22, das 1713 aufgestellt wurde. Im Kampf wurde das Regiment erstmals 1744 bei Prag eingesetzt.

Jugendzeit des Prinzen Friedrich

Der spätere Friedrich II., der Große, wurde 1712 als Sohn von Sophie Dorothea von Hannover und Enkel von Georg I., Kurfürst von Hannover und König von England, geboren. Zwei seiner älteren Brüder waren im Kindesalter gestorben. Friedrich scheint ein kränkliches und schwächliches Kind gewesen zu sein. Da seine Erzieherin eine französische Hugenottin war, wurde Französisch seine Muttersprache. Deutsch sprach und schrieb er nur leidlich. Latein- oder Englischkenntnisse besaß er nicht. Im Alter von 7 Jahren übernahmen ein französischer Hauslehrer und zwei Offiziere seine Erziehung. Seine Ausbildung war ausgerichtet auf militärische Dinge, zeitgenössische Geschichte (besonders die von Brandenburg) sowie Wirtschafts- und Verwaltungskunde. Im Alter von 9 Jahren übernahm er eine Kadettenkompanie, die später zu einem Bataillon vermehrt wurde.

Bald schon haßte Friedrich sein Leben auf der außerhalb von Berlin gelegenen Residenz Wusterhausen. Er hatte keinerlei Sinn für das Jagdwesen oder jene Possenreiterei wie sie im Tabakskollegium üblich war. Sehr zum Leidwesen seines Vaters hatte er eine Vorliebe für französische Literatur und Kultur. Wenn es seine Zeit erlaubte, widmete er sich dem Flötenspiel. Der Vater begann seinen Sohn zu hassen und hielt ihn für verweichlicht. Er erwog, an seiner Stelle seinen jüngeren Bruder als Kronprinzen einzusetzen. Ihm mißfiel, daß sein Sohn sich zu einem gefühlsbetonten Leben hingezogen fühlte. Der Widerwillen Friedrichs gegen das Soldatische erweckte in seinem Vater die Furcht, daß sein Sohn den Preußischen Staat ruinieren könne. Er schreckte nicht davor zurück, ihn öffentlich zu beschimpfen und zu verspotten.

Schließlich verbot Friedrich Wilhelm seinem Sohn das Lesen von Büchern, das Flötenspiel und Besuche bei seiner Mutter.

Im Alter von 15 Jahren wurde Friedrich Major der Potsdamer Garde, einem Regiment, das aus 2000 Soldaten mit einer Körpergröße von mindestens 1,80 m bestand. Vier Jahre später unternahm er einen Fluchtversuch. Er wurde festgenommen und vor ein Kriegsgericht gestellt. Sein Vater verwarf das Gerichtsurteil und ließ Leutnant von Katte als Fluchthelfer vor den Augen des Kronprinzen, der in der Festung Küstrin gefangengehalten wurde, exekutieren. Nur durch die Fürsprache hoher preußischer Offiziere und fremder Höfe entging Friedrich einem ähnlichen Schicksal. Er wurde von seinem Vater begnadigt, der ihm ein Haus in Küstrin zuwies, wo er in der königlichen Domänenverwaltung tätig sein mußte. Der König hatte zunächst Friedrich nur als Sohn, nicht aber als Offizier verziehen. Der Kronprinz mußte einfache bürgerliche Kleider mit schmalen silbernen Tressen tragen. Friedrich hegte den ernstgemeinten Wunsch wieder Soldat zu werden. Als er seinen Vater bat, zu dem zurückgegebenen Degen auch ein Portopee tragen zu dürfen, soll der König freudig ausgerufen haben: „Ist denn Fritz auch ein Soldat? Nun, das ist ja gut!" Vater und Sohn versöhnten sich nun endgültig. Nach und nach lockerte Friedrich Wilhelm die seinem Sohn auferlegten Beschränkungen. Der Aufenthalt in Küstrin endete 1732 mit der vom Vater erzwungenen Verlobung mit Elisabeth Christine von Braunschweig-Bevern. Im gleichen Jahr übernahm Friedrich in Ruppin die Führung eines Infanterieregiments.

Friedrich der Große

Grenadiere des Infanterieregiments Nr. 27 (Regiment des Alten Dessauer)

Mit großer Pracht wurde am 12. Juni 1733 die Vermählung gefeiert, wobei es der Kronprinz verstand, seine Abneigung gegen diese Heirat zu verbergen.

Zum ersten Mal lernte Friedrich den Krieg kennen, als er im Frühjahr 1734 im Reichskrieg gegen Frankreich – ausgelöst durch den Polnischen Thronstreit – ein preußisches Kontingent von 10 000 Mann begleitete. Hier lernte er den Prinzen Eugen kennen, der dem preußischen Kronprinzen seine Zuneigung erwies und ihn zu jedem Kriegsrat zuzog. Nach dem Feldzug lebte Friedrich auf seiner Besitzung Rheinsberg, die er zum Schloß ausbauen ließ. Die jetzt gewonnene Freiheit nutzte er zur Pflege von Kunst und Wissenschaften und zur Geselligkeit. Er kam aber auch seinen militärischen Pflichten nach und widmete sich ebenso den Staatsgeschäften.

Am 31. Mai 1740 schloß der leidende und kranke Friedrich Wilhelm seine Augen für immer und der Kronprinz trat als Friedrich II. die Nachfolge an. Er nahm keinerlei Rache an seinen früheren Widersachern, belohnte aber seine Freunde. Den Vater des exekutierten Leutnants von Katte ernannte er zum Feldmarschall und erhob ihn in den Grafenstand.

Das Infanterieregiment Nr. 15 wurde 1689 aus Kadern des Infanterieregiments 13 aufgestellt. Bis 1731 war sein Chef Freiherr von der Goltz. Dann wurde es das Regiment des Kronprinzen und später das königliche Regiment der Garde.

Die Armee
Infanterie

Friedrich bekannte nach dem Tode seines Vaters, daß Friedrich Wilhelm Preußen zu einem Staat machen wollte, der von seinen Nachbarn geachtet wurde. Das Beispiel Georg Wilhelms hatte gezeigt, wie gefährlich es war, schutzlos zu sein. Vom Vater, König Friedrich I. hatte er gelernt, daß ein Herrscher in dem Maße respektiert wurde wie man seine Armee fürchtete. Ein Teil der Truppen stand bei fremden Herrschern in Sold und Dienst. Aus den Demütigungen, die Friedrich I. seitens der Schweden und Russen zuteil geworden waren, zog er die entsprechenden Konsequenzen. Nur all zu oft trugen diese ihre Kämpfe auf preußischem Territorium aus. Friedrich Wilhelm wollte die Grenzen Preußens sichern und erhob nach dem Aussterben der Linie Pfalz-Neuburg Ansprüche auf das Herzogtum Berg. Für Friedrich den Großen war es wichtig, daß die Welt weniger auf den Schultern des Atlas als vielmehr der preußische Staat auf den Schultern seiner Armee ruhte. Seit Beginn des Jahrhunderts hatte die preußische Armee ihre Erfahrungen hauptsächlich im Kampf für die Angelegenheiten fremder Länder gesammelt. Preußen war am Nordischen Krieg (1700–21) beteiligt. 1734 stellte es – wie bereits erwähnt – in dem von den Reichsständen beschlossenen Reichskrieg ein 10 000 Mann starkes Kontingent unter Generalleutnant von Röder. Es handelte sich bei den kriegerischen Unternehmen stets nur um kleinere Aktionen. Die großen Veränderungen innerhalb der preußischen Armee in den Jahren 1713 bis 1740 vollzogen sich somit weniger durch die Erfahrungen im Kampf, als vielmehr durch den Einfluß Friedrich Wilhelms.

Durch seine Energie, seinen Sinn für Einzelheiten und seine Fähigkeit schuf er unter der einflußreichen Mitwirkung des Fürsten Leopold von Anhalt-Dessau eine Infanterie, die als beste ihrer Zeit gelten konnte. Finanzielle Mittel standen hierfür reichlich zur Verfügung. Von den jährlichen Staatseinnahmen von 7 372 000 Talern wurden 4 900 000 zur Unterhaltung der Armee verwendet. Insgesamt brachte man für militärische Zwecke 5 977 000 Taler auf. Während seiner siebenundzwanzigjährigen Regierungszeit verwaltete Friedrich Wilhelm die Finanzen so gut, daß bei seinem Tode ein Überschuß von mehr als 8 Millionen Talern verblieb. Friedrich Wilhelms Aktivitäten auf militärischem Gebiet waren breit gefächert. Ab 1713 ließ er Packpferde mitführen, die während des Marsches das Gepäck der Soldaten und die Zelte trugen, so daß man weniger Einquartierungsprobleme hatte. Im darauffolgenden Jahr wurde ein ‚collegium medicum chirurgicum' gegründet, um Wundärzte auszubilden. Da diese über entsprechende Erfahrungen verfügen sollten, gründete er die Berliner Charité, wo sie praktizierten. 1715 führte der Monarch die einmal jährlich abzuhaltende Königliche Parade sowie Truppeninspektionen ein. In den Folgejahren wurden die Kadettenschule für Offiziersanwärter in Berlin, Waffenwerkstätten in Spandau und Potsdam sowie die Potsdamer Schule für Kriegswaisen ins Leben gerufen. 1718 organisierte er regionale Aushebungsämter. Eine Besonderheit der preußischen Armee im Vergleich zu anderen Staaten waren ihre ausgeprägte Disziplin und Einheitlichkeit.

Die Grundlage bildete ein umfassendes, mit Einzelheiten versehenes Reglement. Darin waren die Dienstpflichten, Disziplinarregeln und Kleidervorschriften aufgeführt. Letztere hielt Friedrich Wilhelm für besonders bedeutungsvoll. Manches davon erscheint uns kleinlich. Die Uniformen waren genauestens vorgeschrieben. Man achtete nicht nur auf Äußeres, sondern auch auf Haltbarkeit und Wirtschaftlichkeit. Jedes Teil wurde sorgfältig geprüft, ehe es ersetzt oder ausgetauscht werden durfte. Diese Kleiderordnung mußte strikt befolgt werden. Von Friedrich II. wird berichtet, daß er sich gern mit Offizieren umgab, seine Feldoffiziere als Kameraden behandelte und seinen Untertanen gern der Vater war. Er hätte sich eher auf die Wachstube zum Arrest begeben als in einem Waffenrock zu erscheinen, der nicht den Vorschriften entsprach. Das preußische Offizierkorps unterschied sich in vielem von denen anderer Länder. Staatsdienst war eine allgemeine Pflicht der Adligen, wobei der Monarch ein Vorbild gab. Man diente mit Hingabe. Adlige anderer deutscher Staaten und des Auslandes durften in preußischen Dienst treten, wo einige von ihnen zu höchsten Ehren gelangten. Dem Bürgertum war in der Regel der Zugang zum Offizierkorps versperrt. Es war eine in sich geschlossene Gruppe, wobei als bemerkenswert erwähnt werden muß, daß bis 1807 keiner der Offiziere – vom Fähnrich bis zum Oberst – besondere Rangabzeichen trug. Als kompromißloser Anhänger des stehenden Heeres löste Friedrich Wilhelm I. 1713 die von seinem Vorgänger geschaffene Landmiliz auf und stellte den Gebrauch des Wortes „Miliz" unter Strafe. Allerdings ließ er 1729 während der Mobilmachung gegen Hannover als Ersatz für die regulären Truppen aus entlassenen, nicht mehr feldverwendungsfähigen ehemaligen Soldaten Wachformationen bilden, die sich nach dem Siebenjährigen Krieg „Landregimenter" nannten. Während der Übungen der aktiven Truppe wurden sie jährlich für vier bis sechs Wochen zu Übungen eingezogen. Eine der bemerkenswertesten Leistungen Friedrich Wilhelm I. war die Neuordnung des Ersatzwesens durch Einführung des Kantonsystems im Jahr 1733. Jedem Regiment wurde ein bestimmter Erfassungsbezirk – Kanton genannt – mit jeweils 5000 Feuerstellen (und zusätzlich 1800 für ein Reiterregiment) zugeteilt. Zur Einsparung finanzieller Mittel beurlaubte der König die Soldaten einiger Infanterieregimenter für zehn Monate im Jahr. Das führte zu verschiedenen Problemen, wobei jedoch die wirtschaftlichen Vorteile überwogen.

Friedrich Wilhelm und Fürst Leopold verbesserten die Infanterietaktik in vielfacher Hinsicht. 1730 führte Fürst Leopold den eisernen Ladestock ein. Nunmehr konnte in schnellerer zeitlicher Folge gefeuert werden. Die bislang benutzten hölzernen Ruten mußten mit großer Sorgfalt behandelt werden, damit sie nicht im Lauf zerbrachen. Die Glieder der Infanterie wurden von vier auf drei reduziert, wobei sich die größten Männer im ersten und die kleinsten im zweiten Glied befanden. Im gleichen Jahr wurde der Marschschritt in der preußischen Armee eingeführt. Die Anzahl der Schrit-

Füsiliere der Infanterieregimenter Nr. 40 und 48

te legte man bezogen auf eine Minute fest. Friedrich Wilhelm beobachtete aufmerksam ausländische militärische Entwicklungen und führte gewöhnlich Neuerungen in die preußische Armee ein, auch wenn er teilweise von ihrem Nutzen nicht überzeugt war.

Von den Franzosen übernahm er die neue Truppengattung der Füsiliere, die mit kürzeren und leichteren Gewehren (Steinschloßgewehren) ausgerüstet waren. Sie trugen eine 1725 eingeführte Mütze, die ähnlich wie die der Grenadiere mit einem Blechschild versehen war, aber im Gegensatz hierzu keinen Puschel besaß. Seit König Friedrich I. bestand das preußische Infanterieregiment aus zwei Bataillonen zu je fünf Musketierkompanien, zu denen noch eine Grenadierkompanie kam. Allerdings waren die Grenadiere dem Regiment nur administrativ angegliedert. Im Felde bildeten die beiden Grenadierkompanien von zwei Regimentern jeweils ein Grenadierbataillon. Das Musketierbataillon, das über eine Feuerkraft von 600 Gewehren verfügte, war im Gefecht nicht in Kompanien, sondern in vier Divisionen zu je zwei Peletons unterteilt. Erst im Siebenjährigen Krieg erfolgte eine Einteilung in fünf Divisionen, was der Zahl der Kompanien entsprach. Die Offiziere standen vor und hinter, die Unteroffiziere in und hinter der Front.

Musketiere des Infanterieregiments Nr. 13, das 1687 aus französischen Flüchtlingen gebildet wurde.

Friedrich Wilhelm I. hinterließ seinem Sohn 32 Infanterieregimenter mit je zwei Bataillonen. Eine Ausnahme bildeten das Infanterieregiment Anhalt und das Garderegiment, die jeweils drei Bataillone besaßen. Somit zählte die preußische Infanterie 1740 66 Bataillone. Jede Kompanie – Musketiere wie Grenadiere – umfaßte 120 Mann.

Kavallerie

Entsprechend dem schwedischen Vorbild bestand die Hauptphalanx der europäischen Armeen jener Zeit aus schwer bewaffneten Kürassieren. Diese Reiter entschieden mit ihren Vorstößen den Ausgang des Kampfes. Der Große Kurfürst war stolz auf seine Panzerreiter, die sich in den Kämpfen bei Warschau und Fehrbellin ausgezeichnet hatten. Das Vertrauen in ihre Kampfkraft bestand etwa bis zu seinem Tode. 60 seiner 114 Reitereskadronen waren Kürassiere. Ein Reiterregiment besaß fünf Eskadronen. Jede dieser Formationen bestand aus zwei Kompanien, von denen jede über 60 Pferde verfügte. Obgleich die Kürassiere für die Kavallerie wichtig waren, verlagerte sich zur Zeit Friedrich I. der Schwerpunkt von den Panzerreitern zu den Infanteristen als einer den Kampf entscheidenden Kraft. Mit viel Aufwand wurden Infanterie und Artillerie zu Lasten der Reiterei neu ausgerüstet und gestaltet. Diese Politik setzte Friedrich Wilhelm mit Unterstützung des Fürsten Leopold fort. Der König war wenig vom Einsatz der Reichskavallerie in der Schlacht bei Malplaquet, wo sie mehrmals versagte, begeistert. Gleiches erlebte er bei Menin, Tournai und Stralsund, wo er gleichfalls den Erfolg der Kavallerie vermißte. Leopold von Anhalt-Dessau hatte das Scheitern der österreichischen Kavallerie unter General Styrum miterlebt. In seinen Augen war sie für viele der Verluste bei Höchstädt verantwortlich. Somit erfuhr die viel gepriesene preußische Infanterie ihre rechtmäßige Rolle als Kernstück und Phalanx der Armee. Ihr gelang es, im Kampf gegen die feindliche Infanterie und Kavallerie Boden zu gewinnen oder mit Vorstößen in die feindlichen Reihen durch ihr Feuer und den Gebrauch des Bajonetts Frontalangriffe für sich zu entscheiden.
Außer den Kürassieren besaß die preußische Kavallerie im Jahre 1740 sieben Dragonerregimenter, drei Regimenter mit je zehn und fünf mit je fünf Eskadronen, zusammen also 50 Eskadronen. Die Dragonerregimenter waren vom Großen Kurfürsten begründet worden.

Kavallerist des Dragonerregiments Nr. 6 von Schorlemmer. Es entstand 1717 aus dem Dragonerregiment von Wuthenow, das Friedrich Wilhelm I. vom König von Polen als Gegenleistung für ein Porzellan- und Bernstein-Kabinett erhalten hatte.

Sie hatten eine doppelte Funktion, denn sie wurden sowohl kavalleriemäßig wie auch infanteriemäßig eingesetzt. Unter Derfflinger, Bomsdorff und Grumbkow hatten sie sich in den Kämpfen gegen die Schweden bei Rathenow und Fehrbellin bewährt. Dort wie auch in der blutigen dreitägigen Schlacht bei Warschau war hauptsächlich zu Fuß gekämpft worden. Friedrich Wilhelm I. erwarb auch ein polnisches Dragonerregiment, das den Namen von Wuthenow erhielt und „Porzellan-Regiment" genannt wurde, weil der preußische Monarch dem König von Polen dafür ein Porzellan- und Bernstein-Kabinett geschenkt hatte.

Eine der bemerkenswerten Schwächen der preußischen Kavallerie lag in der Größe der Reiter und ihrer Ausstattung. Es handelte sich überwiegend um hochgewachsene Männer, die auch in ihrer Mehrzahl schwere Pferde ritten. Friedrich der Große nannte sie ‚Kolosse auf Elephanten'. Wenn auch die Stärke ein wesentlicher Vorteil bei der Reiterei ist, so irrt man, etwa anzunehmen, daß ein schweres Pferd weiter und schneller laufen, Hindernisse besser nehmen und im Vergleich zu einem kleineren Pferd wesentlich mehr an Gewicht tragen kann. Entscheidend sind Zucht und Rasse. Ein schweres Pferd ist weniger wendig. Ein normal gewichtiger Reiter ist beim Angriff gegen einen körperlich starken Reiter keineswegs im Nachteil, denn die Ausbildung von Roß und Reiter sind entscheidend. Darüber hatte man sich im Preußen des Jahres 1740 wohl noch keine großen Gedanken gemacht. Der Schwerpunkt der Ausbildung der preußischen Kavallerie lag unter Friedrich Wilhelm I. ohnehin zu Fuß, wobei er von ihr unter anderem die Einübung des Parademarsches verlangte. Das Feuergefecht spielte für die ungewandten Reiter eine größere Rolle als die Attacke.

Die Husaren

Im 18. Jahrhundert nahmen die Husaren in den Kriegen auf dem europäischen Boden einen besonderen Platz ein. Ursprünglich war der Husar ein unregelmäßig eingesetzter leichter Reiter der in Ungarn ausgehobenen Truppen, die die Grenzen gegen die Türken verteidigten. Gemeinhin handelte es sich um einen kleineren Soldaten auf einem kleinwüchsigen Pferd, ausgerüstet mit Karabiner, Pistolen und Säbel. Im Gegensatz zum Ulan, dem polnischen Kriegsreiter, der stärker bewaffnet war, trug der Husar selten eine Lanze. Österreich-Ungarn hatte die Husaren in die regulären Armeen West- und Mitteleuropas eingegliedert, wo sie entsprechend den Vorstellungen ihrer unorthodoxen Führer als eine neue Komponente des Heeres angesehen wurden. Im Bedarfsfall erfolgte ihr Einsatz bei der konventionellen Kavallerie, um Überraschungsvorstöße zu unternehmen. Sie waren darauf spezialisiert, tief in die feindlichen Linien vorzudringen, um auf Patrouillen Informationen zu sammeln und bildeten das „Auge und Ohr" des Heeres. Sie begleiteten die Vor- und Nachhut und stellten Eskorten. Eine wichtige Aufgabe fiel ihnen auch bei der Ergreifung von Deserteuren zu. Ihre Einsatzmöglichkeiten waren entsprechend vielseitig. Häufig wurden sie von Freischärlern geführt, unter denen sich viele Ungarn befanden. In den Auseinandersetzungen zwischen Österreich und Preußen war der Einsatz gutausgebildeter, beweglicher Soldaten, besonders der Husaren von größter Bedeutung.

1721 kam Friedrich Wilhelm I. zu dem Entschluß, die Husaren ähnlich wie in den übrigen west- und mitteleuropäischen Ländern ebenfalls in die Armee einzugliedern. Die Anfänge waren bescheiden. Unter dem Major von Schmidt dienten nicht mehr als 30 Husaren und bildeten einen Teil des Wuthenowschen Dragonerregiments. Sie waren die Keimzelle der preußischen Husaren. Zwischen 1722 und 1737 wurden sechs Husareneskadronen unter dem Major (später Oberst) Bronikowski aufgestellt. Sie gehörten auch weiterhin zu dem oben genannten Dragonerregiment. Aus diesen Eskadronen gingen die Husarenregimenter Nr. 1 Bronikowski und Nr. 2 Wurmb hervor. Preußen war dann das erste Land, das die Husaren als Schlachtenkavallerie ausbildete.

1729 besuchte Friedrich Wilhelm seine mit dem Markgrafen von Bayern verheiratete Tochter Wilhelmine. Der Markgraf geleitete seinen Schwiegervater mit einer Husareneskorte. Deren Uniformen, Ausstattung und Pferde beeindruckten Friedrich Wilhelm derart, daß er beschloß, eine Husareneskadron als Leibeskorte aufstellen zu lassen. Rekrutiert wurde sie aus Bronikowskis Husaren, und aus anderen Kavalleristen auf Grauschimmeln, die zum Teil aus dem preußischen Heer stammten, und zum anderen aus Ausländern, vornehmlich Ungarn.

Die neuformierte Eskadron unterstand von Beneckendorf. Einer seiner beiden Offiziere war Leutnant Hans Joachim von Zieten, ein Mann, dessen Name sich später eng mit den Erfolgen der preußischen Husaren verband.

Von Zieten war an seinem 15. Geburtstag in die Reihen des Infanterieregiments Nr. 24 (Alt-Schwerin) als Freiwilliger eingetreten. Er stieg rasch vom Freikorporal zum Fähnrich auf. Allerdings war er mit 24 Jahren noch immer Fähnrich, obwohl man ihn bereits mehrmals für eine Beförderung vorgesehen hatte. Sein Regimentschef, Oberst Graf von Schwerin, ein Veteran von Blindheim, der die Schlacht bei Mollwitz gewann und als Feldmarschall 1757 bei Prag gefallen ist, mochte ihn wegen seiner hohen Stimme und seines unansehnlichen Äußeren nicht. Dem Gesuch Zietens um Entlassung aus dem Militärdienst wurde umgehend entsprochen. Er kehrte auf das Gut seines Vaters zurück. Drei Jahre später wurde er als Leutnant in das Dragonerregiment von Wuthenow, das seine Sollstärke verdoppelte, aufgenommen. Hier bekam er schon bald Streit mit seinem Eskadronschef und war zweimal in Duelle verwickelt, was ihm eine Freiheitsstrafe von einem Jahr und die Entlassung aus dem Heer einbrachte. Feldmarschall von Buddenbrock verwendete sich schließlich für Zieten, worauf ihn Friedrich Wilhelm I. widerstrebend erneut in die Armee aufnahm. Da er schwierig und unkonventionell war, berief er ihn in seine Husaren-Leibeskadron. So konnte er ihn besser unter Kontrolle halten. 1731 avancierte Zieten zum Rittmeister und übernahm eine aus Berliner und anderen preußischen Husaren gemischte Gruppe, um mit dieser Einheit Erfahrungen in der Kampfführung jener Truppengattung zu sammeln. Mittlerweile waren die drei Eskadronen der Berliner Husaren im Husarenregiment Nr. 2 unter Oberst von Wurmb zusammengefaßt worden. Zwischen dem letzteren und Zieten entwickelte sich ein zunehmend gespanntes Verhältnis. In einem Duell, zu dem Zieten den Oberst gefordert hatte, wurden beide verwundet. Nur der Gesundheitszustand Friedrich Wilhelms I. rettete Zieten vor einer Maßregelung.

Im Hintergrund links ein Offizier des Husarenregiments Nr. 4. Im Vordergrund ein Reiter des Dragonerregiments Nr. 3 (von der Schulenburg) mit der charakteristischen Grenadiermütze. Als dieses Regiment zu Beginn des Ersten Schlesischen Krieges versagte, entzog ihm Friedrich der Große den Namen „Grenadiere zu Pferde".

Als 1740 der Erste Schlesische Krieg ausbrach, zog Wurmb mit seinem Regiment nach Schlesien, wo ihm Zieten als erfahrener Husarenoffizier fehlte. Friedrich der Große sah sich gezwungen, Wurmb durch Zieten zu ersetzen, der nun die Führung des Husarenregiments Nr. 2 übernahm. Während des Krieges erwarb sich Zieten großes Ansehen als Kavallerieführer. Schnell stieg er zum General auf. Viele preußische Reitergeneräle haben ihre Laufbahn in Zietens Husarenregiment begonnen, dessen Chef er bis zu seinem Tode 1786 im Alter von 87 Jahren war.

Die Regimenter Friedrichs des Großen

Der größte ständige Verband innerhalb der Armee Friedrichs des Großen war das Regiment. Taktischer Verband blieb bei der Infanterie auch weiterhin das Bataillon. Die Regimenter führten im allgemeinen den Namen ihres Chefs, so daß beim Wechsel des Chefs eine Änderung des Regimentsnamens erfolgte. In der Regel waren die Chefs Obristen oder Generalmajore. Es kam vor, daß einzelne Chefs bis zum Rang eines Generalfeldmarschalls aufstiegen, wie zum Beispiel von Natzmer. Der Chef trug dem König gegenüber die Verantwortung für den Zustand seiner Truppe. Ihm zur Seite stand der Kommandeur. Wenn einer Fürstlichkeit ehrenhalber die Stelle eines Regimentschefs verliehen wurde, übte ein sogenannter „Kommandeur en chef" die Funktion des Chefs und des Kommandeurs in Personalunion aus. Bis 1713 war der Name des Regiments ein Eigentumsrecht des Chefs, der es angeworben hatte. Er durfte es abtreten oder verkaufen. Von Friedrich Wilhelm I. sind diese weitgehenden Befugnisse abgeschafft worden.

Trommler und Dragoner des 1741 in Schlesien vom Grafen von Nassau aufgestellten Dragonerregiments Nr. 11. In Mähren wurde es von den Österreichern aufgerieben.

Friedrich fordert Österreich heraus

Am 20. Oktober 1740 verstarb Kaiser Karl VI. von Österreich im Alter von 55 Jahren, nur wenige Tage nach dem Tod der Zarin Anna von Rußland. In der sogenannten Pragmatischen Sanktion hatte der österreichische Kaiser 1713 die habsburgischen Länder für unteilbar erklärt und bestimmt, daß bei einem Aussterben der männlichen Erben die weibliche Linie zur Thronfolge berechtigt sein sollte. Karl ließ bei seinem Tode seine Tochter, die damals dreiundzwanzigjährige Erzherzogin Maria Theresia als Erbin zurück. Sie war verheiratet mit Franz Stephan von Lothringen und bestieg nun als österreichische Kaiserin den Thron.

Friedrich sah in diesem Ereignis eine willkommene Gelegenheit, sein Territorium zu erweitern. Schon seit geraumer Zeit erhob das Haus Brandenburg Ansprüche auf Schlesien, hatte sie aber bisher nicht durchsetzen können. Für das Erbfolgerecht seiner Tochter hatte Karl VI. die Gewährleistung aller bedeutenden europäischen Mächte erreicht. Dem Rat des Prinzen Eugen, statt dieser Zusicherungen lieber das Heer zu verstärken, war Karl nicht gefolgt. Friedrich wollte der Pragmatischen Sanktion nur zustimmen, wenn er als Gegenleistung Schlesien erhielt. Der Erwerb jenes Gebietes bedeutete für ihn nicht nur eine erhebliche räumliche Erweiterung Preußens, sondern auch eine wesentliche Verbesserung der strategischen Lage. Schlesien ließ sich in keiner Weise mit den kleinen niederrheinischen Fürstentümern vergleichen, um deren Besitz Friedrich Wilhelm I. so lange vergeblich gekämpft hatte. Zugleich durfte Friedrich die Konfrontation mit Österreich nicht scheuen, wenn er seine Stellung in Deutschland nicht nur behaupten, sondern stärken wollte. Durch den Tod der Zarin war für den preußischen König die Lage besonders günstig, weil der Tod der Zarin Österreich eine mögliche Unterstützung durch Rußland raubte.

Unter größter Geheimhaltung begann Friedrich mit seinen Vorbereitungen für einen Waffengang. Militärische Aktivitäten wurden in Verbindung mit einem eventuellen Feldzug zur Sicherung der Preußen versprochenen niederrheinischen Fürstentümer Jülich und Berg gebracht, um Österreich über die wahren Absichten des preußischen Königs im unklaren zu lassen. Als die Truppenkonzentrationen an der schlesischen Grenze nicht länger verheimlicht werden konnten, alarmierte der österreichische Gesandte in Berlin den Wiener Hof, der diesen Berichten zunächst nur wenig Glauben schenken wollte und den Marquis Botta

Angehörige des Dragonerregiments Nr. 9 (von Pomeiske). Es wurde 1727 von dem späteren Generalleutnant von Platen gebildet.

Ein Trommler des Dragonerregiments Nr. 2 (von Krockow), das 1600 (zusammen mit dem Dragonerregiment Nr. 1) errichtet wurde.

zu Friedrich schickte. Der König lüftete nun den Schleier des Geheimnisses und entsandte seinerseits den Grafen Gotter nach Wien, der dort die preußischen Ansprüche auf Schlesien geltend machen sollte und, falls Österreich dem entsprach, die Anerkennung und Gewährleistung der Erbfolge Maria Theresias zusichern sollte. Österreich ging auf Friedrichs Forderungen nicht ein. So kam es zwischen beiden Ländern zum Krieg.

Der Erste Schlesische Krieg

Am 13. Dezember 1740 verließ Friedrich Berlin und begab sich über Frankfurt/Oder zu seinen Truppen, die – 28 000 Mann stark – zum Einmarsch nach Schlesien bereitstanden. Eine Reservearmee von 12 000 Mann sollte unter dem Erbprinzen Leopold von Anhalt von Berlin aus folgen. Die in Schlesien stehenden österreichischen Truppen waren auf den Kampf nicht vorbereitet. Sie zählten im ganzen 3000 Infanteristen und 600 Kavalleristen. Schon bald gelang es den Preußen, die Festung Glogau mit ihrer Besatzung von 1000 Mann unter dem Grafen Wallis einzuschließen. Unter dem Oberbefehl des Grafen Neipperg führte der spätere Feldmarschall Browne, ein irischer Emigrant, die österreichischen Truppen im Felde. In offener Schlacht konnte er sich dem Feind nicht stellen. Er besaß nicht ein einziges Feldgeschütz. Nur zögernd weichend, war er bemüht, verlustreiche Nachhutgefechte zu vermeiden. Während sich die katholischen Einwohner Schlesiens passiv verhielten, begrüßten die Protestanten Friedrich als Befreier. Trotz ungünstiger Wetterverhältnisse und schlechter Wege stießen die Preußen in zwei Gruppen rasch vor. Das stärkste Kontingent wurde von Friedrich selbst, das schwächere vom Grafen von Schwerin geführt, der Liegnitz im Handstreich einnahm. Ende Januar 1741 war der größte Teil Schlesiens ohne größere Kämpfe besetzt, lediglich die Besatzungen von Glogau, Brieg und Neiße konnten sich halten. Am 3. Januar hatte Friedrich seinen Einzug in Breslau gehalten. Die Österreicher wichen nach Mähren aus und die Preußen bezogen in Schlesien Winterquartier. Friedrich verließ den Kriegsschauplatz und kehrte am 26. Januar nach Berlin zurück.

Sein Bemühen war jetzt darauf gerichtet, mit Österreich Frieden zu schließen. Er bot Maria Theresia seine Unterstützung an, wenn sie ihm Schlesien überlasse.

Ungeachtet der Vermittlung Englands gab Österreich nicht nach. Mittlerweile erhob auch der Kurfürst Karl Albrecht von Bayern Anspruch auf das Erbe des Kaisers, und es bestand die Gefahr eines Kriegseintritts Frankreichs gegen Österreich.

Friedrich mußte unverzüglich nach Schlesien zurückkehren, wo sich die Situation zusehends verschlechterte. Neipperg hatte in Mähren eine starke Streitmacht zusammengezogen. Ein Teil der Truppen erhielt den Auftrag, die Grafschaft Glatz zu decken. Etwa 600 Mann gelang es, die preußischen Linien zu durchqueren und die österreichische Garnison in Neiße zu verstärken. Die schlesischen Straßen an anliegenden Wäldern wurden von leichten Truppen unsicher gemacht, die sowohl zu Fuß wie zu Pferde kämpften. In der Mehrzahl handelte es sich um Panduren und ungarische Husaren. Die Preußen betrachteten die Panduren, die Lager angriffen, Verwundete töteten und militärische Aktivitäten auskundschafteten, nicht als reguläre Soldaten. Andererseits bereiteten sie der disziplinierten preußischen Infanterie erhebliche Schwierigkeiten. Friedrich wäre bald selbst ein Opfer dieser in kleinen Trupps herumstreifenden Husaren geworden, die sich durch die preußischen Linien geschlichen hatten, nachdem ihnen seine Anwesenheit gemeldet worden war. Sie verfehlten jedoch den König und stießen auf eine Schar von Dragonern, die empfindliche Verluste erlitten. Die rasch von Friedrich gesammelten Truppen kamen zu spät, um den Dragonern Hilfe zu leisten.

Jene verwegenen Husaren und Panduren eigneten sich besonders dazu, Garnisonen zu binden, Informationen zu sammeln und die Gegenwart des Feindes zu verschleiern. Auch in den protestantischen Gegenden, die mit dem König sympathisierten, war es für die Preußen schwer, verläßliche Informationen über den Feind zu erhalten. Durch einen rasch unternommenen Sturmangriff war es dem Erbprinzen Leopold von Des-

Die Schlachtfelder der Schlesischen Kriege.

Ein Offizier des Dragonerregiments Nr. 3.

sau gelungen, Glogau am 9. März zu erobern. Friedrich plante nunmehr auch die Festung Neiße zu nehmen. Von einem österreichischen Überläufer erfuhr der König, daß Neipperg, in der Absicht Neiße zu besetzen, in seiner unmittelbaren Nähe stand. Bevor sich die preußischen Truppen gesammelt hatten, erreichte Neipperg Neiße und verhinderte eine Vereinigung der feindlichen Kräfte am gleichnamigen Fluß.

Mollwitz und Chotusitz

Mollwitz war Friedrichs erste Schlacht. Er befand sich in einer schwierigen Lage. Die Verbindungen zum Gros seiner Truppen waren abgeschnitten und wichtige Punkte Schlesiens in der Hand des Feindes. Ein zu dieser Jahreszeit ungewöhnlich heftiges Schneetreiben behinderte erheblich die Sicht. Am Morgen des 10. April ging über den schneebedeckten Boden bei heiterem Himmel strahlend die Sonne auf. Den Österreichern war die Nähe der Preußen verborgen geblieben. Durch Gefangene erfuhr Friedrich, daß die Masse der österreichischen Armee rund um Mollwitz in unmittelbarer Nähe der Festung Brieg, Lager bezogen habe. Die Preußen marschierten nach Mollwitz, das sie gegen Mittag unbemerkt von den Österreichern erreichten.

Als erster sichtete der österreichische General Piccolomini, der von einem Kirchturm in Brieg aus Ausschau hielt, die anrückenden Preußen. Sofort ließ er einige Raketen aufsteigen, um Neipperg, der gerade im Begriff war, sein Mittagsmahl beim Dorfschulzen in Mollwitz einzunehmen, zu alarmieren. Eine Husarenpatrouille wurde entsandt, die auf die preußische Vorhut, bestehend aus neun Dragoner- beziehungsweise Husareneskadronen, stieß. Die Vorhut wurde von Oberst Graf von Rothenburg geführt. Jener in Polnisch-Retkau geborene Offizier war 1727 Soldat in der französischen Armee geworden. Fünf Jahre später kämpfte er in Marokko und kehrte anschließend zu seinem französischen Regiment zurück, wo er Oberst wurde. 1740 trat er in die preußische Armee ein. Mit seinen Reitern vertrieb Rothenburg rasch die österreichische Patrouille und sicherte so den Aufmarsch der preußischen Armee vor Mollwitz. Der damals noch unerfahrene König hatte dem Oberst keine klaren Befehle erteilt und ihm verboten, sich in ein Gefecht einzulassen.

Seine Infanterie stellte Friedrich in zwei Treffen im Abstand von 250–300 m auf. Jedes Treffen stand in drei Gliedern. Unter dem Oberbefehl des Königs, der sich auf dem rechten Flügel befand, wurde das erste Treffen von Schwerin und das zweite vom Erbprinzen Leopold von Dessau geführt. Die Kavallerie verteilte Friedrich auf beide Flügel und verstärkte sie durch Grenadierbataillone. Die Preußen verfügten insgesamt über 20 000 Mann einschließlich 4000 Kavalleristen. Außerdem hatten sie mehr als 60 Geschütze. Zahlenmäßig waren die Österreicher zwar etwa gleich stark, besaßen jedoch doppelt soviel Kavallerie wie die Preußen. Dagegen betrug die Anzahl ihrer Geschütze nur 18.

Am frühen Nachmittag gegen 2 Uhr belegten die preußischen Geschütze den linken Flügel der Österreicher, auf dem sechs Kavallerieregimenter unter General Römer standen, mit mörderischem Feuer. Sie erlitten erhebliche Verluste, ohne daß sie den Befehl erhielten, ihrerseits anzugreifen. Neipperg führte inzwischen dem rechten Flügel weitere Truppen zu. Schließlich gab Römer dem Drängen seiner Reiter nach und stürmte mit dreißig Schwadronen gegen den Feind. Die hier stehenden 10 preußischen Eskadronen konnten dem Ansturm nicht standhalten und wurden gegen die eigene Infanterie zurückgeworfen. Es entstand eine große Verwirrung. Friedrich, der sich inmitten des Getümmels befand, versuchte seine fliehenden Soldaten aufzuhalten und sammelte einige Eskadronen. Neun feindliche Geschütze wurden von

Ein Offizier des Kürassierregiments Nr. 8. Das berühmte von Seydlitz geführte Kürassierregiment war aus dem Reiterregiment Markgraf Christian von Brandenburg-Bayreuth hervorgegangen.

Römer erbeutet. Doch das disziplinierte und schnelle Feuer der preußischen Infanterie gebot der österreichischen Kavallerie halt. Römer fiel, von der Pistolenkugel eines preußischen Dragoners getroffen. Inzwischen hatte sich der König auf den linken Flügel begeben, wo sich Schwerin aufhielt, der ihm angesichts der Gefahr, von den übrigen Teilen der Armee abgeschnitten zu werden, nahelegte, das Schlachtfeld zu verlassen. Friedrich folgte seinem Rat. Um die Oder zu überqueren, mußte er Oppeln erreichen, das bei seiner Ankunft bereits von österreichischen Husaren besetzt war. Sofort kehrte er mit seinen Begleitern um. Auf der Mitte des Weges zwischen Oppeln und dem etwa 50 km entfernten Mollwitz erhielt der König in der Ortschaft Löwen Kunde vom Sieg seiner Truppen.

Die preußischen Linien hatten im Verlauf der Schlacht eine Breite von etwa 3 Kilometer erreicht, ohne daß es den Österreichern gelang, sie zu durchbrechen. Fünfmal war Römer gegen das Feuer der preußischen Infanterie angeritten, bis ihn die feindliche Kugel traf. Auch der Versuch, den Preußen in den Rücken zu fallen, wurde von ihrer Infanterie vereitelt. Als besonders standhaft erwiesen sich hier die von der Kavallerie verlassenen preußischen Grenadierbataillone. Die österreichische Infanterie, befehligt von General Göldlin, der in der Schlacht ebenfalls den Tod fand, war der ihres Gegners nicht gewachsen. Es waren vor allem die Feuerdisziplin und die Verwendung des eisernen Ladestocks, die ihnen eine große Überlegenheit sicherte. In der gleichen Zeit, in der die preußische Infanterie fünf Salven verfeuerte, kamen die Österreicher nur auf zwei. Obwohl die Österreicher tapfer gekämpft hatten, mußten sie zurückweichen. Immer stärker machte sich bei ihnen eine allgemeine Ermüdung bemerkbar, nachdem sie fünf Stunden lang dem heftigen feindlichen Feuer ausgesetzt waren. Bei niedergehender Sonne gab Schwerin den Befehl zum Gegenangriff. Als die Front nicht mehr zu halten war, ordnete Neipperg den allgemeinen Rückzug an, ohne daß ihn allerdings die Preußen verfolgten. 4600 Mann an Toten, Verwundeten und Vermißten hatten die Preußen an diesem Tage verloren. Die österreichischen Verluste sollen 4400 Mann betragen haben. Mit Hilfe ihrer besser ausgebildeten und ausgerüsteten Infanterie errangen die Preußen diesen Sieg, während ihre Kavallerie versagt hatte. Von Mollwitz aus ging Friedrich nach Brieg, das er nach kurzer Belagerung einnahm. In Strehlen bezog er mit seiner Armee, die von dort aus ganz Niederschlesien decken konnte, ein Lager. Er benutzte die Zeit, um sich mit den bei Mollwitz zutage getretenen Mängeln zu befassen. Seine besondere Aufmerksamkeit galt der Kavallerie, die er lehrte zu attackieren. Auch versuchte er, die Beweglichkeit seiner Artillerie zu erhöhen.

Frankreich hatte mit Bayern zu Nymphenburg ein Bündnis geschlossen, das dem bayerischen Kurfürsten die Unterstützung bei seinem Streben nach der Kaiserwürde zusicherte. Am 5. Juli 1741 trat auch Friedrich dem Bündnis bei, nachdem Österreich auf seine Friedenbedingungen nicht eingegangen war. Sachsen schloß sich ebenfalls den Verbündeten an. Eine Überlegenheit Frankreichs konnte jedoch keinesfalls im Interesse des preußischen Königs liegen. Als aufgrund englischer Vermittlung Österreich in die Abtretung von Niederschlesien und Neiße einwilligte, trafen sich Friedrich und Neipperg in Klein-Schnellendorf. Es wurde vereinbart, daß Neiße nur zum Schein belagert werden sollte. Gegen freien Abzug der Besatzung sollte es dann an den preußischen König übergeben werden. Bis zum Abschluß des Friedensvertrages wollte man die Vereinbarung streng geheimhalten. Nur ein Kleinkrieg sollte von Zeit zu Zeit weitergeführt werden.

Entsprechend der Übereinkunft mit Neipperg zog sich Friedrich mit seiner Armee nach Mähren zurück. Nach seinem Einzug in Breslau, wo ihm Fürsten und Stände des Herzogtums Niederschlesien die Erbhuldigung leisteten, kehrte er im November nach Berlin zurück.

Zur gleichen Zeit waren der bayerisch-französischen Armee größere Erfolge gegen die Österreicher beschieden. Vom verbündeten Sachsen aus fiel eine weitere Armee in Böhmen ein. Der bayerische Kurfürst Karl Albrecht wandte sich statt nach Wien gegen Prag, das er mit seinen überlegenen Kräften einnahm. Da dadurch die Bedrohung der österreichischen Hauptstadt abgewendet war, vermochte Maria Theresia Zeit zu gewinnen und vergrößerte ihr Heer. Die nach Österreich eingedrungenen Teile der verbündeten Armeen wurden verjagt. Am 12. Februar 1742 zogen die Österreicher in München ein und vertrieben Karl Albrecht, der im Januar des gleichen Jahres als Karl VII. zum deutschen Kaiser gekrönt worden war.

Der preußische König wurde von den Österreichern angesichts der neuen Lage hingehalten. Entgegen den Vereinbarungen gaben sie den europäischen Höfen Kunde vom Inhalt der geheimen Vereinbarungen von Klein-Schnellendorf. So sah sich Friedrich gezwungen, den Verbündeten wieder stärkere Unterstützung zukommen zu lassen. An der Spitze einer sächsischen Armee marschierte er durch Böhmen und Mähren und stieß in Olmütz auf eines seiner Korps, das von Schlesien aus in Mähren eingedrungen war. Preußische Husaren erschienen vor Wien und beunruhigten die österreichische Hauptstadt.

Schwarzer Trommelbube des Infanterieregiments Nr. 19, das 1702 aus Kadern der Infanterieregimenter Nr. 4, 6, 7 und 11 gebildet wurde. Als Musiker dienten häufig Neger.

Offiziere der Gardekürassiere (Garde du Corps und „Gens d'àrmes").

Das Verhalten der Sachsen veranlaßte Friedrich den Feldzug in Mähren abzubrechen und sich mit seinen Truppen nach Böhmen zu begeben. Die Sachsen zogen ab. Inzwischen hatte der Erbprinz von Anhalt Glatz erobert und traf am 17. April mit Friedrich in Chrudin zusammen, wo die preußischen Truppen Quartier bezogen. England versuchte erneut, Preußen auf diplomatischem Wege aus dem Bündnis gegen Österreich herauszubrechen. Die Österreicher aber, die der Ansicht waren, erhebliche Vorteile erlangt zu haben, zeigten sich jetzt weniger entgegenkommend, zumal Friedrich seine Ansprüche auf ganz Schlesien und die Festung Glatz erweitert hatte.

So entschloß sich der preußische König zu einem neuen Waffengang und holte Verstärkungen aus Oberschlesien heran. Die 30000 Mann starke österreichische Armee unter dem Prinzen Karl von Lothringen und dem Feldmarschall Königseck rückte indessen gegen Prag vor. Auf dem Marsch nach dort sollte sie die Preußen, die sich ihr in den Weg gelegt hatten, überfallartig zum Kampf stellen und besiegen. Der französische Befehlshaber, Marschall Broglio, den Friedrich ersucht hatte, sich mit ihm zu vereinen, verhielt sich abwartend. Am 17. Mai kam es zur Schlacht bei Chotusitz, wo sich der Erbprinz von Dessau mit seinen Truppen auf dem Wege nach Czaslau – das von den Österreichern besetzt war – befand. In den frühen Morgenstunden hatte sich Friedrich zum Gros seiner Armee östlich von Chotusitz begeben.

Die Österreicher eröffneten den Angriff und die auf dem rechten Flügel stehende preußische Kavallerie unter dem Feldmarschall Buddenbrock stürzte sich auf die feindliche Reiterei, die geworfen wurde. Königseck rückte nun mit seiner Infanterie gegen den sich in einer ungünstigen Stellung nahe Chotusitz befindlichen preußischen Flügel vor. Trotz des Eingreifens ihrer Kavallerie mußte die preußische Infanterie zurückweichen. Die Österreicher drangen in Chotusitz ein und setzten den Ort in Brand, was sich für sie als ungünstig erweisen sollte, weil das Feuer eine Scheidewand zwischen Freund und Feind bildete. Friedrich griff blitzschnell den linken Flügel an, warf ihn gegen ihren rechten und drängte beide in einem für sie unvorteilhaften Gelände zusammen. Als sich der Gegner zur Flucht wandte, hatte der preußische König innerhalb von drei Stunden einen weiteren Sieg über die Österreicher an seine Fahnen geheftet.

Maria Theresia war bereit, den Forderungen Friedrichs nachzugeben. Ein vorläufiger Frieden wurde am 11. Juni in Breslau geschlossen. Die Unterzeichnung des endgültigen Friedensvertrages erfolgte am 28. Juli in Berlin. Friedrich erhielt ganz Niederschlesien, große Teile Oberschlesiens und die Grafschaft Glatz. Preußen hatte davon profitiert, daß sich der Schlesische Krieg zum Österreichischen Erbfolgekrieg ausgeweitet hatte. Als man in Frankreich von dem Friedensschluß erfuhr, herrschte dort große Bestürzung. Für das Haus Habsburg erwies sich das Ausscheiden Preußens aus dem Bündnis als sehr vorteilhaft, zumal die Engländer jetzt aktiv auf seiten Österreichs in den Krieg eingriffen und im Juni 1743 die Franzosen bei Dettingen schlugen. Friedrich kam zu der Überzeugung, daß der österreichische Verzicht auf Schlesien keineswegs endgültig sei und er erneut um seine Erwerbungen kämpfen müsse. Im Juni 1744 erneuerte er daher das Bündnis mit Frankreich. Der zweite Schlesische Krieg begann.

Der Zweite Schlesische Krieg

Am 15. August 1744 überschritten preußische Truppen die Grenze nach Böhmen und zogen in drei Kolonnen gegen Prag, wo sie sich vor den Toren der Stadt vereinigten. Nach einer Belagerung kapitulierte die von 12000 Mann verteidigte böhmische Hauptstadt. Bis zu diesem Zeitpunkt betrugen die Verluste der Preußen lediglich 50 Tote und 110 Verwundete. Sie wandten sich nun nach Süden und besetzten Tabor, Budweis und Frauenberg. Friedrich versuchte vergeblich, den Gegner zur Schlacht zu stellen. Mit Hilfe von Husaren und Kroaten, die einen Kleinkrieg führten und unter anderem Nachschublinien unterbrachen, wollten die Österreicher die preußischen Truppen zermürben. Andererseits war die preußische Kavallerie nicht imstande, unter den Bedingungen des Kleinen Krieges zu kämpfen. Als Friedrich endlich bei Marschowitz auf den Feind traf, befand sich dieser in einer so günstigen Stellung, daß er es nicht wagte, ihn anzugreifen. Die Österreicher zogen ihre Truppen aus dem Elsaß ab, ohne von den Franzosen behindert zu werden. Die Lage verschlechterte sich für Friedrich zusehends. Schließlich mußte er sich im November unter erheblichen Verlusten aus Böhmen zurückziehen. Allein die Zahl der Deserteure betrug 12000 Mann, was etwa einem Fünftel des preußischen Heeres entsprach.

Hohenfriedberg und Soor

Friedrich war in die Verteidigung gedrängt und nach Schlesien ausgewichen. Inzwischen hatten sich die Sachsen mit den Österreichern verbündet. Beide Armeen vereinigten sich bei Trautenau und rückten unter der Führung des Prinzen Karl von Lothringen im Mai gegen die schlesische Grenze vor. Die Preußen hatten darauf verzichtet, die Gebirgspässe zu sperren, bewachten aber die von den Bergen herabführenden

Feldscherer beim Verbinden eines Verwundeten des Husarenregiments Nr. 6 (von Werner).

Offiziere der Husarenregimenter Nr. 1, 3 und 8 sowie des Dragonerregiments Nr. 5 (im Hintergrund).

Wege. Sie bezogen schließlich eine vorteilhafte Stellung zwischen Schweidnitz und Striegau. Zugleich hatte Friedrich versucht, den Gegner zu täuschen, indem er das Gerücht verbreiten ließ, er wolle sich nach Breslau zurückziehen. Zu diesem Zweck holte er auch seine Vorhut aus dem Gebirge zurück.

In der Nacht zum 4. Juli versammelte der König seine Truppen bei Striegau und stellte sie mit Tagesanbruch in Schlachtordnung auf. Der rechte Flügel der Preußen griff überraschend die Sachsen an und schlug sie in die Flucht. Hierbei zeichnete sich besonders das Regiment Alt-Anhalt aus. Der als Schlacht bei Hohenfriedberg in die Geschichte eingegangene Waffengang wurde durch das auf dem linken Flügel stehende Dragonerregiment Bayreuth unter dem Befehl des General Geßler entschieden. In einer wuchtigen Attacke ritten die Dragoner 20 österreichische Bataillone nieder und brachten 2500 Gefangene ein. Außerdem erbeuteten sie 66 Fahnen und vier Geschütze. Unter dem Schutz seiner Nachhut zog sich Prinz Karl zurück. Die Preußen folgten ihm drei Tagesmärsche weit nach. Eine weitere Verfolgung des geschlagenen Gegners erschien Friedrich mit Rücksicht auf eine zu große Entfernung von seiner Verpflegungsbasis nicht für ratsam. So konnte er im Interesse einer gesicherten Versorgung seiner Armee den Sieg nicht nutzen und mußte den Krieg weiterführen.

Schon bald fiel die strategische Initiative an die Österreicher zurück. Die Preußen wurden durch eine Kleinkriegführung hart bedrängt. Um einer Bedrohung Oberschlesiens und der Mark durch die Sachsen zu begegnen, mußte der König Truppenkontingente dorthin entsenden und seine Armee schwächen.

Schließlich räumte er Schlesien und bezog mit einem Teil seiner Armee in Stärke von 22 000 bei Trautenau ein schlecht gesichertes Lager. Karl von Lothringen war ihm mit dem österreichisch-sächsischen Heer in Stärke von 39 000 Mann gefolgt. In der Nacht zum 30. September erreichte er die Berge oberhalb des preußischen Lagers bei der Ortschaft Soor und rückte im Morgengrauen gegen den Feind vor. Trotz der unvorteilhaften Lage Friedrichs befanden sich auch die Truppen des Prinzen Karl in einer nicht allzu günstigen Position, da es ihnen nicht möglich war, sich voll zur Schlachtordnung zu entwickeln. Friedrich erkannte das und handelte blitzschnell. Anstatt sich zurückzuziehen, wie es Karl erwartet hatte, marschierte er mit seinen Truppen in breiter Linie, die eine Überflügelung unmöglich machte, auf und stellte sich sofort zum Kampf.

Zwar versuchten die Österreicher den Aufmarsch der Preußen durch heftiges Artilleriefeuer zu stören, doch unterließ man es, den Feind anzugreifen. Auf der gegenüberliegenden Seite des preußischen Lagers waren leichte Truppen der Österreicher eingebrochen, um zu plündern. Sie erbeuteten unter anderem die ge-

Ein Feldprediger tadelt betrunkene Plünderer der Freitruppen. Links ein Grenadier von Schonys Korps und rechts zwei Kroaten des von Kleistschen Freikorps.

Freihusar des 1759 in Sachsen durch von Kleist gebildeten Husarenregiments.

samte Bagage des Königs. Friedrich erteilte dem Kommandeur des Kürassierregiments Nr. 1, Oberst von Buddenbrock, den Befehl, mit zwölf auf dem rechten Flügel stehenden Eskadronen den gegnerischen linken Flügel anzugreifen, wo 50 Schwadronen und 28 Geschütze postiert waren. Der preußischen Kavallerie gelang es, die Reiterschwadronen des Feindes zu überwältigen, während die Infanterie die österreichischen Geschütze stürmte, wobei ihr drei Reserveregimenter zu Hilfe eilten. Auch die Österreicher schickten Reserven in den Kampf, die aber schließlich in harten Gefechten zurückgeworfen wurden. Im Zentrum ging die preußische Infanterie gegen die von den Österreichern besetzten Anhöhen vor und schlug den Gegner. In der Zwischenzeit war das Gros der Kavallerie des rechten Flügels der Preußen zur Verstärkung auf den linken beordert worden. Als die Preußen hier zur Attacke ansetzten, floh die österreichische Reiterei in die naheliegenden Wälder und überließ die Infanterie ihrem Schicksal. Der entscheidende Fehler des Prinzen Karl war es, daß er sich abwartend verhielt und es versäumte, die Preußen anzugreifen. So ging für ihn die Schlacht bei Soor verloren.

Hennersdorf und Kesselsdorf

Noch einige Tage hatte sich Friedrich mit seiner Armee auf dem Schlachtfeld aufgehalten, während die Österreicher ihr Lager aufsuchten. Schließlich verließen die Preußen Böhmen und bezogen in Schlesien Winterquartiere. Der König begab sich nach Berlin.

Unterdessen gelang es den Österreichern, die Sachsen für ihren Plan zu gewinnen, durch die Lausitz in Brandenburg einzufallen und nach dem sich nur drei Tagesmärsche von der sächsischen Grenze befindlichen Berlin vorzustoßen. Friedrich erfuhr hiervon und begab sich sofort zu seinen Truppen nach Schlesien. In Berlin konnte er nur eine kleine Besatzung zurücklassen, die durch Bürger verstärkt wurde. Der Fürst von Anhalt-Dessau (der Alte Dessauer) erhielt den Oberbefehl über das bei Halle stehende preußische Heer. Von hier aus sollte er nach Sachsen vorrücken, während der König die Führung der sich in Schlesien befindlichen Armee übernahm. Wieder einmal gelang es Friedrich, den Prinzen Karl zu täuschen, indem er den Eindruck erweckte, er wolle nur die Grenzen dekken und sich mit seiner Hauptarmee zurückziehen. Unvermutet erschien der König in der Lausitz und schlug

Standartenträger der Garde du Corps. Bei der Garde du Corps handelte es sich um ein 1740 von Friedrich dem Großen errichtetes Kürassierregiment, das die Stammnummer 13 trug.

am 23. November bei Hennersdorf die aus sächsischen Truppen unter von Buchner bestehende Vorhut der Österreicher.

Aus dem Norden Böhmens eilte Prinz Karl mit 46 000 Mann den Sachsen zu Hilfe. Friedrich stand mit seinen Truppen auf dem Nordufer der Elbe in der Nähe von Dresden. Er unterließ es, sich mit dem über Leipzig heranrückenden Fürsten Leopold zu vereinen und sandte ihm lediglich über Meißen 8500 Mann unter dem späteren Generalfeldmarschall von Lehwaldt. Westlich der sächsischen Hauptstadt lag Graf Rutowski, der ein gemischtes sächsisch-österreichisches Kontingent befehligte. Mit dem Gros seiner Armee wollte der König die Verbindung mit Schlesien halten, seine Magazine sichern und den Weg nach Berlin decken.

Als der Alte Dessauer am 15. Dezember seine Regimenter mit den Worten „In Jesu Namen Marsch!" gegen die sich in verschanzten Stellungen bei der Ortschaft Kesselsdorf liegenden Sachsen unter Rutowski zum Angriff antreten ließ, war Karl von Lothringen keine acht Meilen mehr von hier entfernt. Abgesehen vom linken Flügel, der sich auf Kesselsdorf stützte, war die sächsische Stellung äußerst schwer zugänglich. Die Sachsen standen auf einem hohen Felsrand mit von Eis und Schnee bedeckten Abhängen. Im Geschoßhagel von 9000 Musketen und 30 Geschützen des Feindes erlitten die Preußen schwere Verluste. Als die Sachsen sich anschickten, die dezimierte preußische Infanterie zurückzuwerfen, griff ein Dragonerregiment der Preußen in den Kampf ein und rieb den Feind auf. Kesselsdorf wurde genommen, die dort stehende Batterie des Gegners erobert und seine Kavallerie auseinandergesprengt. Nun konnte auch der linke Flügel der Preußen gegen die auf den Felsen verschanzten Sachsen vorgehen und schlug sie in die Flucht. Mit dem Rest seiner Truppen erreichte Rutowski Dresden. Zusammen mit dem Prinzen Karl zog er sich nach Böhmen zurück. Am 18. Dezember rückte der preußische König mit seinen Truppen in die sächsische Hauptstadt ein.

Der Zweite Schlesische Krieg ging zu Ende. Der am 25. Dezember in Dresden geschlossene Friede bestätigte Friedrich seinen schlesischen Besitz. Sachsen mußte eine Kriegsentschädigung von einer Million Talern an Preußen zahlen. Friedrich erkannte seinerseits die Wahl des Großherzogs Karl – des Gemahls Maria Theresias – als Kaiser an.

Die kriegerischen Auseinandersetzungen zwischen Österreich und Frankreich in den Niederlanden zogen sich noch über drei Jahre hin. Sie wurden 1748 durch den Frieden von Aachen beendet. Dieser Friede bedeutete zugleich die europäische Anerkennung der preußischen Eroberungen. Es war für diesen Staat ein wesentlicher Schritt auf dem Wege zur Großmacht, doch blieb seine Stellung in Europa noch schwach und gefährdet. In den Jahren, die dem Zweiten Schlesischen Krieg folgten widmete Friedrich seine ganze Kraft dem Aufbau der Wirtschaft und dem Ausbau des Heeres.

Das Militärwesen unter Friedrich II.

Seine ersten Siege errang Friedrich mit den von seinem Vater übernommenen Truppen. Nach seiner Thronbesteigung begann er mit einer Erweiterung seines Heeres und im Verlauf des Ersten Schlesischen Krieges mit Reformen. Als erstes nahm er eine Neuorganisation der Garde vor.

Die von seinem Vater geschätzte Potsdamer Riesengarde (Leib-Grenadierregiment Nr. 6) wurde praktisch aufgelöst. Nur ein Teil der Soldaten wurde in das neugegründete Grenadier-Gardebataillon (Nr. 6) übernommen. Die restlichen wurden ausgezahlt oder in das neuformierte Infanterie-Regiment Nr. 35 – dessen

Trompeter der Husaren mit spezieller Mütze.

Generalmajor Paul von Werner, Chef des Husarenregiments Nr. 6 von 1757–1785.

Chef Prinz Heinrich von Preußen war – und das Garnison-Bataillon Nr. 4 eingegliedert. Friedrichs eigenes Regiment Nr. 15 (vordem Regiment von der Goltz) wurde das neue Regiment der königlichen Fußgarde. Neben dem königlichen Kürassier-Leibregiment (Nr. 3) entstand ein weiteres Garde-Kürassierregiment, die Garde du Corps (Nr. 13). Es stand im Rang vor dem erstgenannten Regiment.

Ab 1740 errichtete Friedrich weitere Infanterieregimenter, und zwar 1740 das Musketierregiment Nr. 34 (Regiment des Prinzen Ferdinand von Preußen) sowie die Füsilierregimenter Nr. 33 und 35 bis 40, 1741 folgten die Füsilierregimenter Nr. 41 bis 43 und in den Jahren 1742 und 1743 die Füsilierregimenter Nr. 45 bis 48.

Bis zum Anfang der siebziger Jahre wurden keine weiteren Feldinfanterieregimenter neu formiert. Eine Ausnahme bildete das Infanterieregiment Nr. 49, bei dem es sich um einen Verband von Pionieren handelte. Später wurden dann noch das Musketierregiment Nr. 50 und die Füsilierregimenter Nr. 51 bis 55 gegründet. Ferner existierten Garnisonsregimenter und selbständige -bataillone, deren Zahl 1759 auf 15 anstieg. Diese Formationen rückten nur in Ausnahmefällen ins Feld. In den Jahren 1742 bis 1753 wurden die unabhängigen Grenadierbataillone Nr. 1 bis 6 aufgestellt. Hinzu kamen 25 Grenadierbataillone, die aus den beiden Grenadierkompanien der Feldinfanterieregimenter gebildet waren. Sie trugen keine Nummern, sondern führten gewöhnlich den Namen ihres Kommandeurs.

Friedrich besaß auch leichte Fußtruppen, das Jägerkorps zu Fuß und sogenannte Freibataillone. Das Jägerkorps war 1740 in Stärke von 40 bis 50 Mann errichtet worden. Bis 1760 stieg es auf 800 Mann an. Im gleichen Jahr wurde es auf freiem Gelände in der Nähe von Spandau vollkommen aufgerieben, 1761 aber wieder neu gebildet. Zunächst auf 300 Mann reduziert, erreichte es schließlich wieder eine Stärke von 800, gegliedert in fünf Kompanien. Kurz vor seinem Tode erweiterte Friedrich im Jahr 1784 das Jägerkorps zu einem Regiment mit zehn Kompanien. Die Jäger, die sich aus forstwirtschaftlichen Berufen rekrutierten, galten als die zuverlässigste Truppe der preußischen Armee. Um bei dem Gefecht in geschlossener Ordnung sich im Nahkampf behaupten zu können, wurde später ein Teil der Jäger mit Bajonettflinten ausgerüstet. Neben dem Jägerkorps zu Fuß gab es auch ein solches zu Pferde, das 1740 mit 60 Mann aufgestellt worden war. 1744 verstärkte es Friedrich auf 112 Mann. Im Frieden wie im Kriege hatte es Kurierdienste zu leisten. Die Bewaffnung bestand aus gezogenen Gewehren.

Obwohl Friedrich der Infanterie sehr große Aufmerksamkeit schenkte und später neue Taktiken einführte, kümmerte er sich weniger um ihre Organisation. Anders verhielt es sich mit der preußischen Kavallerie, die bei Mollwitz wenig erfolgreich gewesen war. Mit Ausnahme der Garde du Corps wurden keine weiteren Kürassierregimenter gebildet. Friedrich ließ jedoch fünf neue Dragonerregimenter (Nr. 8 bis 12) aufstellen. Sie hatten die Kürassiere bei Überraschungsangriffen im Rahmen eines Durchbrechens der feindlichen Kavallerie zu unterstützen.

Wie schon erwähnt, wurden in den Schlesischen Kriegen bemerkenswerte neue Taktiken angewandt und neue Truppengattungen eingesetzt. Hierzu zählten vor allem die leichte, bewegliche Reiterei, Partisanen und Panduren, die ungarischen Freihusaren, die kroatische leichte Reiterei sowie polnische und sächsische Ulanen. Anfänglich bereiteten diese Gegner der preußischen Kavallerie erhebliche Schwierigkeiten. Das änderte sich erst mit dem Einsatz der preußischen Husaren. Bei seinem Regierungsantritt besaß Friedrich nur sechs Eskadronen Husaren. Von 1741 bis 1773 vergrößerte er ihre Zahl erheblich. 1786 bestanden 100 Husareneskadronen. Aus zwei Regimentern waren zehn geworden. Jedes Regiment hatte zwei Bataillone zu je fünf Eskadronen.

Den Österreichern hatten bei ihrer Kriegsführung Freischärler gute Dienste geleistet. In ihren Freikorps

Husaren des Leib-Husarenkorps und des Magdeburgischen Husarenkorps.

waren östereichische und ungarische Gelegenheitssoldaten, deren Bezahlung aus einem Teil der Kriegsbeute oder Räubereien bestand. Zu ihnen zählten auch zwielichtige Gestalten, die Freund und Feind belästigten. Militärische Disziplin und herkömmliche Taktik waren ihnen fremd. Es bereitete große Schwierigkeiten, sie unter Kontrolle zu halten.

Dem Feind verwehrten sie wirkungsvoll den Zugriff, hielten Nachschub und Nachrichten fern. Friedrich verzichtete zunächst auf die Verwendung von Freitruppen und bediente sich regulärer Husaren, die den Feind im Rücken angriffen und zur gleichen Zeit die österreichischen Freikorps bekämpften. Als 1756 der Krieg erneut ausbrach, zögerte Friedrich nicht länger, preußische und fremde Offiziere, Edelleute, Abenteurer und Freibeuter in die Reihen seiner Truppen aufzunehmen, um Freiregimenter, -bataillone und -kompanien zu Pferde und zu Fuß aufzustellen. In den Musterungsrollen waren etwa 45 verschiedene Formationen und Einheiten verzeichnet. Die meisten unterschieden sich in der Uniform und waren im allgemeinen disziplinierter und besser ausgerüstet als die Freitruppen der Österreicher.

Im Jahre 1740 bestand die preußische Feldartillerie aus nur einem Bataillon mit sechs Kompanien. Im folgenden Jahr ließ Friedrich nach der Einnahme von Neiße ein zweites Bataillon aufstellen und das Feldartillerieregiment Nr. 1 bilden. Weitere Verstärkungen erfolgten in den Jahren 1758 und 1762, wobei die Zahl der Kompanien auf 30 anwuchs. Nach dem Hubertusburger Frieden gliederte der König die Feldartillerie in drei Regimenter zu je zehn Kompanien. Der Chef des Feldartillerieregiments Nr. 1, Generalmajor von Dieskau, bekleidete zugleich die Stelle eines Generalinspekteurs der gesamten Artillerie. 1772 wurde noch ein viertes Feldartillerieregiment errichtet.

Als Regimentsartillerie bezeichnete man die den Infanteriebataillonen zugeteilten Geschütze. 1741 erhielt jedes Linienbataillon zwei Dreipfünderkanonen, im weiteren Verlauf auch Sechspfünder und zusätzlich eine Siebenpfünderhaubitze. Die Sechspfünder standen gewöhnlich im ersten Treffen und die Dreipfünder im zweiten, und zwar auf dem rechten Flügel ihres Bataillons. Jeweils zwei Kanonen wurden von einem Korporal geführt. Die Bedienung der Dreipfünder bestand aus zehn Mann, darunter zumindest sechs Kanoniere. Bei den Sechspfündern kamen in der Regel noch zwei Mann Hilfspersonal hinzu. Zu Beginn des Ersten Schlesischen Krieges verfügte Friedrich über lediglich 60 Geschütze. 1758 hatte sich ihre Zahl auf über 200 erhöht, und nur ein Jahr später waren es 580 Geschütze aller Art.

Reiter, Unteroffizier, Trompeter und Offizier des Husarenregiments Nr. 1 (Schwarze Husaren), das 1737 durch von Bronikowski errichtet wurde.

Es wird berichtet, daß während der Schlacht bei Fehrbellin zum ersten Mal der Versuch unternommen wurde, der brandenburgischen Artillerie ein höheres Maß an Beweglichkeit zu verleihen, indem man zwölf Dreipfünder mit einer doppelten Bespannung versah. Anscheinend war Friedrich dann von den bei den russischen Dragonerregimentern 1758 eingesetzten leichten Zweipfündern so stark beeindruckt, daß er im Frühjahr des folgenden Jahres im Lager von Landshut eine Brigade reitender Artillerie mit zehn Sechspfünderkanonen aufstellte. Später wurden bei der preußischen reitenden Artillerie auch leichtere Dreipfünderkanonen eingeführt.

Zur Artillerie zählten auch die technischen Truppen, und zwar Mineure, Sappeure und Pontoniere. 1741 errichtete Friedrich ein aus zehn Pionier- und zwei Mineurkompanien zusammengesetzes Pionierregiment. Im folgenden Jahr schieden die Pontoniere aus dem Regimentsverband aus und bildeten eine eigene Kompanie. Die Führung der Pontons, die sich beim Artillerietrain befanden, lag in den Händen eines Stabsoffiziers der Artillerie. Zum Train eines jeden Korps gehörten neben schweren Belagerungsgeschützen auch Feldgeschütze mit den dazugehörigen Munitionswagen, die im Kampf ausgefallene oder verlorengegangene Artillerie sofort ersetzen sollten. Die Trainoffiziere kamen in der Regel von der Kavallerie. Den Dienstgrad eines Leutnants konnten hier auch bewährte Wachtmeister und sonstige Unteroffiziere erreichen.

Der Siebenjährige Krieg

Der Frieden von Aachen im Jahr 1748 hatte den Gegensatz zwischen Frankreich und England nicht beseitigen können. Die Kämpfe in den Kolonien, in erster Linie in Nordamerika, dauerten an. Beide Mächte suchten in Europa Verbündete. Die Engländer schlossen mit Friedrich dem Großen am 16. Januar 1756 die sogenannte Westminster-Konvention, in der sich beide Teile verpflichteten, den Frieden in Deutschland zu erhalten und dem Durchmarsch fremder Truppen Widerstand entgegenzusetzen. Frankreich und Österreich garantierten sich am 1. Mai 1756 ihre Besitzungen in Europa und versprachen, sich im Fall eines Angriffs gegenseitig zu Hilfe zu kommen. Kurz zuvor hatten die diplomatischen Bemühungen Österreichs auch in Rußland zu einem Erfolg geführt. Am 5. April erklärte die Zarin Elisabeth ihr Einverständnis zu einem gemeinsamen militärischen Vorgehen zusammen mit Österreich gegen Preußen. Sie versicherte unter Geltendmachung territorialer Forderungen nicht früher die Waffen niederzulegen, bis Österreich wieder im Besitz von Schlesien sei. Schließlich trat auch Schweden, das um seinen territorialen Besitz in Pommern fürchtete, dem gegen Preußen gerichteten Bündnis bei.

Im Juni erfuhr Friedrich von russischen Truppenbewegungen, die ihn sehr beunruhigten. Er mobilisierte daraufhin seine Truppen in Ostpreußen und Schlesien. Auch Österreich traf ähnliche Vorbereitungen. Der preußische König beschloß, seinen Gegnern zuvorzukommen, wobei er von dem Urteil der Möglichkeit einer schnelleren Mobilisierung seines Heeres Gebrauch machte.

Friedrich wollte angesichts seiner begrenzten finanziellen Mittel einen länger andauernden Krieg vermeiden. Sein Plan bestand darin, seine Gegner zu überraschen und ein politisches Faustpfand zu gewinnen, um sie zu Friedensverhandlungen zu zwingen. Zur Gewinnung einer vorteilhaften Operationsbasis sollte Sachsen mit seiner schwachen Armee überrannt werden. Zur Sicherung Schlesiens und Ostpreußens beließ Friedrich dort schwächere Kräfte unter Schwerin beziehungsweise unter Lehwaldt. Außerdem bildete er ein Reservekorps unter dem Prinzen von Hessen-Darmstadt.

Zum Überfall auf Sachsen teilte der König sein Heer in drei Kolonnen ein. Am 29. April überschritten diese Kräfte die Grenze nach Sachsen. Sie stießen auf keinen nennenswerten Widerstand, nachdem sich die sächsische Armee in ein befestigtes Lager bei Pirna zurückgezogen hatte. Am 9. September zog Friedrich in Dresden ein. Mitte September rückten die Österreicher unter Browne von Böhmen aus in der Absicht vor, sich mit den Sachsen zu vereinigen. Bei Lobositz trafen sie am 1. Oktober auf die Preußen, die alle zur Belagerung des sächsischen Lagers bei Pirna entbehrlichen Kräfte abgezogen hatten. Schon schien die Schlacht für die Preußen verloren, als ein Gegenstoß ihrer Infanterie zur Einnahme der Ortschaft Lobositz führte.

Browne räumte das Schlachtfeld und zog sich, nachdem eine Vereinigung mit den Sachsen mißlungen war, nach Böhmen zurück. Am 16. Oktober kapitulierte die sächsische Armee. Ihre Regimenter wurden unter Zwang in das preußische Heer eingegliedert. Auch führte Friedrich in Sachsen das Kantonsystem nach preußischem Muster ein.

1 Grenadier zu Pferde, Regiment von der Schulenburg, Sommeruniform, 1729–41
2 Grenadier des Garde-Grenadierbataillons (Nr. 6), Sommeruniform, ca. 1745
3 Grenadier, Infanterieregiment von Arnim (Nr. 5), Sommer-Felddienstuniform, ca. 1729

MICHAEL YOUENS

A

Reiter, Husarenregiment von Ruesch (Nr. 5), Sommeruniform, ca. 1744

MICHAEL YOUENS

B

1 Leutnant, Husarenregiment von Drewitz (Nr. 1), Parade- und Sommer-Felddienstuniform, ca. 1748
2 Musketier, Infanterieregiment von Forcade (Nr. 23), Sommeruniform, ca. 1756
3 Bombardier, Artillerie, Felduniform, ca. 1750

MICHAEL YOUENS

1 Freijäger, Freiregiment le Noble, Sommer-Felddienstuniform, 1756–63
2 Bosnischer Ulan, Bosniakenkorps, Sommerbekleidung, ca. 1760
3 Grenadier, Freitruppen von Schony, Sommeruniform, ca. 1761

D

MICHAEL YOUENS

Reiter, Husarenregiment von Vippach (Nr. 4), Sommer-Felddienstuniform, ca. 1752

MICHAEL YOUENS

1 Trommler, Infanterieregiment von Below (Nr. 11), Sommer-Felddienstuniform, ca. 1757

2 Grenadier, Infanterieregiment von Canitz, Sommer-Felddienstuniform, ca. 1762

3 Dragoner, leichtes Bataillon des General Gschrey, Sommeruniform, ca. 1761

MICHAEL YOUENS

F

1 und 2 **Offizier und Grenadier, Königliches Regiment Garde (Nr. 15), Sommeruniform, ca. 1786**

3 **Offizier, Garde du Corps, Galawachtanzug, ca. 1786**

MICHAEL YOUENS

G

1 Unteroffizier, Mineurkorps, Winteruniform, ca. 1792
2 Regimentsquartiermeister der Infanterie, Winteruniform, ca. 1761
3 Proviantknecht, Train, Winteruniform, ca. 1756

MICHAEL YOUENS

H

Prag, Kolin und Groß-Jägersdorf

Im Frühjahr 1757 fiel Friedrich mit vier Kolonnen in Böhmen ein, mit drei von Sachsen und einer - unter Schwerin - von Schlesien aus. Anfang Mai vereinigten sie sich vor Prag, wo sie am 6. Mai auf die Österreicher unter der Führung Karls von Lothringen trafen. Die Preußen verfügten über 64 000 Soldaten, die Österreicher, denen die Zusammenziehung ihrer Kräfte bei Prag noch nicht gelungen war, hatten nur etwas mehr als 61 000. Seine zahlenmäßige Überlegenheit erlaubte es Friedrich, außerdem ein Korps von 3000 Mann unter dem Feldmarschall Keith zur möglichen Dekkung des Rückzugsweges zurückzulassen. Als der preußische König seiner Infanterie den Befehl zum Angriff erteilte, täuschte er sich im Gelände. Er hatte nicht erkannt, daß die vor ihm liegenden Wiesen mit Teichen durchsetzt waren. Sobald die Preußen die Teiche erreicht hatten, wurden sie auf 400 Schritt Entfernung mit einem mörderischen Kartätschenfeuer belegt. Sie stürmten die Batterien, wurden dann jedoch von den österreichischen Grenadieren angegriffen. Der 73jährige Schwerin fand hier den Tod. Die Österreicher überließen nach fünfstündiger Schlacht den Preußen das Feld und zogen sich nach Prag zurück, wo sie von den preußischen Truppen eingeschlossen wurden. Auf beiden Seiten waren die Verluste hoch gewesen. Während die Österreicher rund 13 500 Mann verloren hatten, waren es auf preußischer Seite ungefähr 14 500, darunter 3000 Deserteure, vornehmlich Sachsen. Prag widerstand der preußischen Belagerung. Auch eine am 20. Mai begonnene Kanonade vermochte die Besatzung - 49 000 Mann stark - nicht zur Übergabe zu zwingen. Eine mit 54 000 Mann und 60 Geschützen neuformierte österreichische Armee unter dem Generalfeldmarschall Daun sollte die Stadt entsetzen. Friedrich hatte dem Herzog von Bevern die Aufgabe übertragen, mit einem 18 000 Mann starken Korps die Armee Dauns zu beobachten. Angesichts der ständig steigenden Stärke der Österreicher entschied sich der König, unter Abzug eines Teiles der Prager Belagerungstruppen, Daun, der sich inzwischen in einer gut befestigten Stellung verschanzt hatte, anzugreifen. Bei Kolin stießen Preußen und Österreicher am 18. Juni aufeinander. Als der preußische Angriff gegen den rechten feindlichen Flügel fehlgeschlagen war - Friedrich hatte übersehen, daß die Österreicher hier in einer Hakenstellung standen - versuchte man es mit einem Durchbruch der Kavallerie im Zentrum. Auch das mißlang nach Anfangserfolgen. Eine Attacke der gesamten Kavallerie Dauns zersprengte schließlich 19 Bataillone der Preußen und entschied die Schlacht zugunsten der Österreicher. Friedrichs Armee zerfiel weitgehend. Ihre Verluste betrugen 13 700 Mann, darunter zahlreiche Deserteure. Die Österreicher verloren 9000 Mann und erbeuteten 45 Geschütze. Der Preußenkönig mußte nunmehr die Belagerung von Prag aufheben. Schließlich zog er sich nach Sachsen zurück.

Ein Husar des Husarenregiments Nr. 7 im Nahkampf mit einem ungarischen Husaren.

Ende Juni fiel ein russisches Heer in Stärke von 88 000 Mann, geführt von Generalfeldmarschall Apraxin, in Ostpreußen ein. Zur Sicherstellung seiner Verpflegung wollte Apraxin sich Königsbergs bemächtigen, was Lehrwaldt mit seinem Korps unbedingt zu verhindern suchte. So trafen am 30. August bei Groß-Jägersdorf 24 700 Preußen mit 55 Geschützen auf fast 55 000 Russen, die über die stattliche Zahl von mehr als 260 Geschützen verfügten. Lehwaldt wurde geschlagen, wobei vor allem die zahlenmäßige Überlegenheit der Russen an Artillerie die Schlacht entschied. Die Verluste der Russen waren mit annähernd 6000 Mann höher als die der Preußen, die 4600 Mann verloren. Apraxin wich zunächst nach Tilsit aus und zog sich im September aus Ostpreußen zurück.

Lehwaldt erhielt Befehl, sich nunmehr in Pommern gegen die dort gelandeten Schweden zu wenden, die schließlich im Januar 1758 in Stralsund eingeschlossen wurden. Im Oktober 1757 unternahm der österreichische General Hadik mit 3500 Husaren einen Vorstoß nach Berlin, wo er am 16. Oktober eintraf und einen Teil der sich hier befindlichen Landmiliz aufrieb. Er verlangte eine Kriegskontribution von 215000 Talern und verließ noch in der gleichen Nacht die Hauptstadt, da sich ihr starke preußische Kräfte näherten.

Roßbach

Die Franzosen bildeten als Verbündete der Österreicher zwei Armeen. Im Juni 1757 drangen 115000 Mann über den Rhein vor. Mit 60000 Mann überschritten sie am 16. Juli die Weser und wurden am 26. Juli von der sogenannten Observationsarmee unter dem Oberbefehl des Herzogs von Cumberland bei Hastenbeck angegriffen. Neben 5000 preußischen Soldaten setzte sich die Observationsarmee vor allem aus hannoveranischen, hessischen und braunschweigischen Kontingenten zusammen. Cumberland wurde geschlagen und wich hinter die Aller aus, während die Franzosen ihren Vormarsch in den Raum südwestlich von Magdeburg fortsetzten.

Eine zweite französische Armee unter dem Marschall Soubise vereinigte sich am 17. September mit der aus Kontingenten deutscher Reichsstände bestehenden Reichsarmee unter dem Oberbefehl des Marschalls von Hildburghausen bei Eisenach. Die Stärke dieser Kräfte belief sich auf über 40000 Mann. Friedrich gelang es zunächst nicht, sie zur Schlacht zu stellen. Mitte Oktober rückten Soubise und Hildburghausen nach Sachsen vor. Als sie sich der Saale bei Weißenfels näherten, kam es am 5. November bei Roßbach zur Schlacht mit den Preußen, die einen glänzenden Sieg errangen. Entschieden wurde der Waffengang durch eine Attacke der preußischen Kavallerie unter General von Seydlitz gegen die rechte Flanke der Verbündeten, die über 10000 Mann und 72 Geschütze verloren. Die zahlenmäßig weit unterlegenen Preußen hatten einen Verlust von nur weniger als 550 Mann zu beklagen.

Ein Offizier des Leib-Husarenkorps. Hier wurden in der Regel Grauschimmel geritten.

Leuthen, Zorndorf und Hochkirch

Bis zum Frühjahr 1758 war es dem Herzog Ferdinand von Braunschweig, der den Herzog von Cumberland als Oberbefehlshaber der Observationsarmee abgelöst hatte, gelungen, die Franzosen über den Rhein zurückzudrängen. Die Aufgabe, Schlesien zu decken, hatte Friedrich dem Herzog von Bevern übertragen. Hierfür verfügte er über 32000 Mann. Die Stärke der österreichischen Hauptarmee unter Prinz Karl und Daun betrug 54000 Mann. Ein weiteres österreichisches Korps mit 28000 Mann wurde von General Nádasdy geführt. Ihm gelang es am 13. November 1757 Schweidnitz zu nehmen. Anschließend vereinigte sich Nádasdy sofort mit der Hauptarmee, die am 22. November die Preußen unter Bevern bei Breslau schlug und sich der Stadt bemächtigte. Der preußische König war keinesfalls gewillt, Schlesien preiszugeben und vereinigte sich am 29. November mit den Resten des Bevernschen Korps.

Als Prinz Karl von der Ankunft Friedrichs in Schlesien erfahren hatte, bezog er in der Nähe der Ortschaft ein Lager und ließ bei der Annäherung der Preußen sein Heer in den Morgenstunden des 5. Dezember zwischen Nippern und Sagschütz aufmarschieren. 65000 Österreicher (einschließlich verbündeter Kontingente) standen etwa 35000 Mann preußischer Truppen gegenüber: Friedrich entschloß sich, den linken Flügel seines Gegners anzugreifen und täuschte ein Vorgehen gegen den bei Nippern stehenden rechten Flügel der Österreicher vor. Hierzu mußten die preußischen Bataillone bei ihrer Entfaltung eine Schwenkung nach Süden vornehmen und an der feindlichen Linie entlangmarschieren, wobei hügeliges Gelände dem Gegner die Sicht versperrte.

Der überaus starke rechte Flügel der Preußen warf den Gegner nieder. Mit großem Erfolg bekämpfte die preußische Artillerie dann die jenseits von Leuthen stehenden Österreicher, die ihre numerische Überlegenheit nicht nutzen konnten. Als die Österreicher den Versuch unternahmen, ihrer schwer bedrängten Infanterie durch einen Kavallerieangriff Entlastung zu bringen, stürzte sich die preußische Reiterei gegen die Flanke der feindlichen Schwadronen und entschied die Schlacht zugunsten Friedrichs.

Leuthen war zweifellos einer der eindruckvollsten Siege des Preußenkönigs. Er kostete die Österreicher 3000 Tote, fast 7000 Verwundete, 12 000 Gefangene und 131 Geschütze. Die preußischen Verluste beliefen sich auf annähernd 6400 Mann. Am Abend des Kampftages sangen die preußischen Soldaten das Lied „Nun danket alle Gott", das als Choral von Leuthen in die Geschichte eingegangen ist. Nach der Einnahme von Breslau durch die Preußen am 21. Dezember zogen sich die Österreicher nach Böhmen zurück.

Im Frühjahr 1758 fiel Friedrich in Mähren ein und belagerte die Festung Olmütz. Daun war es jedoch gelungen, eine Verbindung zu der eingeschlossenen Besatzung herzustellen. Am 28. und 30. Juni erbeuteten leichte Truppen der Österreicher 3000 Wagen eines Versorgungstransportes für die vor Olmütz stehenden preußischen Truppen. Das bewog Friedrich schließlich, die Belagerung abzubrechen und sich nach der Räumung Böhmens nach Schlesien zurückzuziehen.

Ein Reiter des Husarenregiments Nr. 6, das 1741 aus einer Kadereskadron des Husarenregiments Nr. 1 entstand und den Zusammenbruch Preußens im Jahr 1806 überlebte.

Oberst von Natzmer vom Husarenregiment Nr. 4. Er übernahm das neu gegründete Ulanenkorps, das am 10. Juni 1741 bei Olbendorf in der Nähe von Alt-Grottkau von ungarischen Husaren unter der Führung des Rittmeisters von Ruesch vollständig aufgerieben wurde.

Der russische Feldmarschall Apraxin war Ende 1757 von General Fermor abgelöst worden. Im Januar 1758 stieß Fermor nach Ostpreußen vor und besetzte Königsberg. Auf seinem weiteren Vormarsch erreichte Fermor Anfang Juli Posen. Sein Versuch, die Oder bei Küstrin zu überschreiten, wurde durch das preußische Korps unter Dohna, der an die Stelle von Lehwaldt getreten war, vereitelt. Mit 14 000 Mann eilte Friedrich Dohna zu Hilfe. Am 23. August ging er über die Oder und griff am 25. August die bei Zorndorf lagernden Russen an. Diese Schlacht, die sich über zwei Tage hinzog, zählt zu den blutigsten Kampfhandlungen des ganzes Krieges. Vergeblich rannte die preußische Infanterie mehrmals gegen die in großer Tiefe aufgestellten Russen an.

Friedrich hatte die Standfestigkeit der Russen unterschätzt. Nur das Eingreifen seiner zahlenmäßig überlegenen Kavallerie unter Seydlitz bewahrte ihn vor einer Katastrophe. Am folgenden Tag, als sich beide Gegner erneut gegenüberstanden, waren sie so erschöpft, daß ihnen eine Fortführung des Kampfes nicht mehr möglich war. Friedrich behauptete zwar das Schlachtfeld, konnte aber das Ausweichen Fermors nicht verhindern. Die blutigen Verluste beliefen sich bei den Russen auf annähernd 19 000 und bei den Preußen auf über 12 000 Mann. Die Verteidigung Sachsens hatte der König seinem Bruder Heinrich übertragen. Nach der Schlacht bei Zorndorf wollte Daun das von Heinrich geführte, in

Sachsen stehende Korps vernichten. Friedrich marschierte schleunigst nach Sachsen, um die Österreicher und ihre Verbündeten aus Sachsen zu vertreiben, was er durch Bedrohung ihrer Verbindungslinien zu erreichen glaubte. Gegen den Rat seiner Generäle bezog er bei Hochkirch eine äußerst ungünstige Stellung. Das veranlaßte Daun, ihn dort am 14. Oktober überraschend anzugreifen. Noch vor Tagesanbruch überfiel er, sich auf eine erdrückende zahlenmäßige Überlegenheit stützend, die Preußen in ihrem Lager. Friedrich, der sich – ohne von Daun verfolgt zu werden – nach Bautzen zurückzog, verlor fast ein Drittel seines 30 000 Mann umfassenden Heeres. Außerdem mußte er über 100 Geschütze seinen Gegnern überlassen. Der preußische König war nunmehr endgültig in die strategische Verteidigung gedrängt.

Bosnische Ulanen in Winter- und Sommeruniform. Rechts ein Offizier und ein Reiter, der abgestiegen ist.

Kunersdorf, Liegnitz und Torgau

Zu Beginn des Jahres 1759 zählte das preußische Feldheer wieder 127 000 Mann. Es verfügte über mehr als 500 Geschütze. Dagegen belief sich die Stärke der Garnisonstruppen nur noch auf 36 000 Mann. Die Verbündeten konnten Friedrich fast 196 000 Soldaten entgegenstellen. Im Juli setzte sich die russische Armee unter ihrem neuen Oberbefehlshaber Saltykow in Bewegung und vereinigte sich, nachdem er die Preußen am 23. Juli bei Kay geschlagen hatte, mit dem von General Laudon geführten österreichischen Korps. Laudon in Livland geboren, war aus der zaristischen Armee hervorgegangen und brachte es bei den Österreichern später bis zum Feldmarschall. Nachdem Friedrich mit seinen Truppen am 11. August die Oder überschritten hatte, griff er am Morgen des folgenden Tages die Verbündeten in ihrem befestigten Lager bei Kunersdorf an. Infolge unzureichender Erkundung des Geländes mißlang die beabsichtigte Überraschung. Zunächst konnte die preußische Infanterie gegen die Russen vordringen, bis letztere Reserven herangeführt hatten. Im Feuer der russischen Artillerie verbluteten die preußischen Bataillone. Während die preußische Kavallerie nichts auszurichten vermochte, entschied eine Attacke der zusammengefaßten russischen und österreichischen Schwadronen die Schlacht.

Die Verluste auf beiden Seiten waren erschreckend hoch. Sie betrugen bei den Russen 13 600 Mann. Friedrichs Armee, die 19 000 Mann und fast sämtliche Geschütze verlor, löste sich nahezu auf. Die Sorge des Königs, der unter dem Eindruck der erlittenen Niederlage das Ende seines Staates gekommen sah und sich mit Selbstmordgedanken trug, war ein Vorstoß der Verbündeten gegen Berlin. Schließlich gelang es ihm, bis Mitte August 12 000 Mann seiner bei Kunersdorf zersprengten Armee zu sammeln und mit ihnen eine Stellung bei Fürstenwalde zu beziehen.

In dieser Lage verdankte der preußische König seine Rettung vor allem dem Zögern seiner Feinde. Saltykow, dessen Truppen bei Kunersdorf erhebliche Verluste erlitten hatten, weigerte sich, unverzüglich den Vormarsch gegen Berlin anzutreten. Entscheidend dürfte für ihn hierbei aber die Rücksichtnahme auf die Haltung des Großfürsten Peter gewesen sein, der ein Bewunderer Friedrichs des Großen war. Allerdings verwüsteten die russischen Soldaten weite Teile Ostpreußens und Brandenburgs und verübten an der Zivilbevölkerung schreckliche Greueltaten. Auch Daun zögerte mit einem Vorstoß nach Berlin. Gemeinsam mit der Reichsarmee wollte er die Truppen des Prinzen Heinrich in Sachsen schlagen und das Land besetzen. Nachdem Daun seinen Vormarsch eingestellt hatte, gingen die Russen Ende August über die Oder zurück.

Kanoniere der reitenden Artillerie.

Friedrich war fest entschlossen, die Österreicher zum Abzug aus Sachsen zu zwingen. Er wollte das durch eine Unterbrechung ihrer Verbindungslinien erreichen und befahl in diesem Zusammenhang dem General von Finck, mit unzulänglichen Kräften gegen Dauns Flanke vorzugehen. Daun gelang es, Finck bei Maxen einzuschließen und ihn zur Übergabe zu zwingen. Der Versuch Friedrichs, die Österreicher aus Sachsen zu vertreiben, scheiterte, und die Truppen beider Seiten bezogen dort schließlich ihre Winterquartiere.

Im Juni 1760 griff Laudon das zahlenmäßig weit unterlegene preußische Korps unter Fouqué in Schlesien an, nachdem Prinz Heinrich den erneut über die Oder vordringenden Russen entgegengezogen war. In der Schlacht bei Landshut am 23. Juni bereitete Laudon dem Korps von Fouqué eine empfindliche Niederlage.

Im August traf Friedrich mit seinen Truppen in Schlesien ein, gefolgt von den österreichischen Hauptkräften unter Daun, der sich mit Laudon vereinigte und bei Liegnitz Stellung bezog. Damit vereitelte Daun ein weiteres Vordringen des Preußenkönigs zu seinem Bruder Heinrich in dem von den Russen bedrohten Breslau. Daun beschloß, die Preußen am 15. August anzugreifen. In der Nacht zuvor hatte Friedrich jedoch sein Lager verlassen und war auf Laudon gestoßen, der an der Katzbach stand. Das Korps Laudons wurde unter erheblichen Verlusten geworfen und über die Katzbach zurückgedrängt. Damit war für Friedrich der Weg nach Breslau frei, wo Prinz Heinrich nunmehr die Russen zum Rückzug nach Polen trieb.

Während sich die Reichsarmee in Sachsen festsetzte, rückten russische Truppen unter Tottleben und österreichische unter Lacy gegen Berlin vor und besetzten am 3. Oktober die Stadt, die sie beim Herannahen Friedrichs am 12. wieder räumten. Von Berlin aus wandte sich der Preußenkönig nach Süden und erreichte den Raum Dessau, wo er sich mit den vom Prinzen Eugen von Württemberg befehligten preußischen Truppen verband. Daun befand sich in unmittelbarer Nähe. Um seine Absicht verwirklichen zu können, Sachsen wieder in seine Hand zu bekommen, war Friedrich gezwungen, die Österreicher zur Schlacht zu stellen, was am 3. November bei Torgau geschah und mit einem Sieg für die Preußen endete. Allerdings mußte er einen hohen Blutzoll entrichten. Er verlor fast 17 000 Mann und ließ diese Verlustziffer geheimhalten. Die zahlenmäßig überlegenen Österreicher büßten 15 200 Mann ein.

Bei Torgau wich Friedrich erstmalig insofern von der starren Lineartaktik ab, als er sein Heer in zwei Gruppen einteilte, denen er jeweils selbständige Aufgaben übertrug. Mit seinen Hauptkräften wollte Friedrich die Österreicher im Rücken angreifen, wozu er ihre westliche Flanke umgehen mußte. Gleichzeitig sollte die schwächere Gruppe unter Ziethen vom Süden her gegen die feindlichen Linien vorgehen. Daun, der Friedrichs Plan erkannt hatte, traf entsprechende Gegenmaßnahmen. Die Preußen erlitten schwerste Verluste. Der preußische König wurde – ebenso wie der österreichische Feldherr Daun – verwundet. Schon hielt man

Reiter des königlichen Regiments „Gens d'armes" (Kürassierregiment Nr. 10). 1713 war die Trabantengarde des Großen Kurfürsten in dieses Regiment überführt worden.

die Schlacht für die Preußen für verloren, als Ziethen beim Einbruch der Dämmerung überraschend im Rükken der Österreicher erschien und sie aus ihren Stellungen warf. Trotz ihrer hohen Verluste brachte diese letzte Schlacht des Siebenjährigen Krieges für Friedrich keine strategischen Vorteile. Daun hielt weiterhin den südlichen Teil Sachsens besetzt, und Laudon konnte ungehindert in Oberschlesien Winterquartiere beziehen.

Unter größten Anstrengungen gelang es Friedrich, 1761 wieder ein Feldheer in Stärke von über 100 000 Mann auf die Beine zu bringen. Ringsum war er von Feinden bedroht. Im Sommer bezog er bei Bunzelwitz ein stark befestigtes Lager. Als er Ende September den Fehler beging, das Lager abzubrechen und in Richtung Neiße zu ziehen, bot er Daun die Gelegenheit, am 1. Oktober Schweidnitz zu nehmen, was für den König den Verlust weiter Teile Schlesiens bedeutete.

Am 5. Januar 1762 bestieg Peter III. nach dem Tode von Elisabeth den Zarenthron. Sofort schloß er mit dem preußischen König Frieden und stellte ihm ein Hilfskorps von 20 000 Mann zur Verfügung. Noch im gleichen Monat schied auch Schweden aus dem Kriege aus. Nach einem erfolgreichen Angriff auf das österreichische Lager bei Burkersdorf am 21. Juli trieb Friedrich Daun in die Grafschaft Glatz zurück. Ein preußisches Korps unter Tauentzien belagerte Schweidnitz, das am 9. Oktober kapitulierte. Anschließend bezogen die Armeen beider Seiten Winterquartiere. Der Krieg in Schlesien war beendet. In Sachsen schlug Prinz Heinrich am 29. Oktober die Reichsarmee bei Freiberg.

Ein Reiter des Kürassierregiments Nr. 4, das 1718 aus einem 1674 errichteten Dragonerregiment entstand.

Nach längeren Verhandlungen wurde am 15. Oktober auf dem Schloß Hubertusburg zwischen Preußen, Österreich und Sachsen Frieden geschlossen. Unter Sanktionierung der Bestimmungen des Aachener Friedens im Jahr 1748 behielt Preußen Schlesien und die Grafschaft Glatz. Unangefochten galt das Königreich nunmehr als europäische Großmacht.

Anmerkungen

1 Folgende preußische Truppenteile waren bei Mollwitz beteiligt: Grenadierbataillone Winterfeld, Kleist, Reibnitz, Buddenbrock, Puttkamer und Saldern. Infanterieregimenter Nr. 1, 7, 10, 12, 13, 15, 19, 20, 23, 24, 25 (Verlust von 247 Mann), 26 (Verlust von 700 Mann), 27 und 29. Kürassierregiment Nr. 5, 10 und 11. Dragonerregimenter Nr. 1, 3 und 4. Husarenregiment Nr. 2. Verluste an Offizieren im Generalsrang: von der Schulenburg (gefallen), von Schwerin, von Marwitz und von Kleist (verwundet).

2 Folgende preußische Truppenteile waren bei Chotusitz beteiligt: Grenadierkompanien der Regimenter Nr. 5, 8, 12, 15 u. 16. Infanterieregimenter Nr. 2, 4, 7, 10, 11, 13, 14, 15, 16, 17, 19, 24, 27 (nur 400 Überlebende), 29, 30 und 34. Kürassierregimenter Nr. 1, 2, 4, 5, 7, 8, 9 und 12. Dragonerregimenter Nr. 3, 5 und 7 (Verlust von 500 Mann), Husarenregiment Nr. 1. Verluste an Offizieren im Generalsrang: Von Werdeck und von Wedell (gefallen). Von Rothenburg und von Waldow (verwundet). Gesamtverluste: 146 Offiziere, 4600 Mann.

3 Folgende preußische Truppenteile waren bei Hohenfriedberg beteiligt: Grenadierbataillone von Kleist, Luck, Hacke, Blankensee, Lepel, Geist, Jeetze, Wedel, Buddenbrock, Sydow, Grumbkow, Schöning, Kahlbutz, Lange, Trenck und Hertzberg. Infanterieregimenter Nr. 1, 2, 3, 4, 5, 6, 7, 8, 11, 12 (erbeutete sieben Geschütze), 13, 14, 15, 17, 18, 19, 20, 21, 22, 23, 24, 25, 28, 29, 30, 31, 37 und 38. Kürassierregimenter Nr. 1, 2 (vernichtete zwei sächsische Regimenter), 4, 5, 7 (schlug das sächsische Regiment Schönberg), 8, 9, 10, 11, 12 und 13. Dragonerregimenter Nr. 1, 2, 3, 4, 5, 6, 11 und 12. Husarenregimenter Nr. 1, 2, 4, 5, 6 und 8.

4 Folgende preußische Truppenteile waren bei Soor beteiligt: Grenadierbataillone von Wedell, Treskow, Finck, Grumbkow, Schöning, Geist, Schöning, Trenck, Kleist, Lindtstädt, Stange, Tauentzien, Hertzberg, Luck, Laubenau, Finkenstein und Lepel. Infanterieregimenter Nr. 2, 3, 4, 6, 14, 15, 17, 19, 23, 25 (Verlust von 244 Mann). Kürassierregimenter Nr. 1 (mit großer Auszeichnung), 2, 4, 8, 9 (angeblich drei Regimenter zu Gefangenen), 10 (war an Buddenbrocks Angriff beteiligt), 12 und 13. Dragonerregimenter Nr. 3 und 12. Husarenregiment Nr. 4. Nicht beteiligt waren: Infanterieregimenter Nr. 11, 12, 24, 29, 30 und 38. Dragonerregimenter Nr. 5 und 10. Kürassierregimenter Nr. 5. Husarenregimenter Nr. 1, 2 und 5.

5 Bei Hennersdorf wurden folgende preußische Truppenteile von Zieten und von Winterfeldt befehligt: Grenadiere des Infanterieregiments Nr. 19 und das vollständige Infanterieregiment Nr. 24. Kürassierregiment Nr. 8 und 9. Husarenregimenter Nr. 2 und 5.

6 Folgende preußische Truppenteile waren bei Kesselsdorf beteiligt: Grenadierbataillone von Kleist, Schöning, Plotho und Münchow. Infanterieregimenter Nr. 3, 5, 9, 10, 12, 13, 18, 20, 21, 22, 27 (Verlust von 529 Mann), 30 (mit großer Auszeichnung, alle Feldoffiziere mit dem Orden Pour le mérite ausgezeichnet), 34, 46 (600 Mann Verlust) und 47. Kürassierregimenter Nr. 1, 3, 5, 6, 7, 8, 11 und 12. Dragonerregimenter Nr. 4, 5, 6, 7, 8, 9 und 10. Husarenregimenter Nr. 6 und 7.

7 Friedrich erhöhte die Stärke der Infanterieregimenter. Zu einem Regiment gehörten 1748: 50 Offiziere, 118 Unteroffiziere, 37 Tamboure, 6 Pfeifer, 6 Hautboisten, 252 Grenadiere, 1140 Musketiere, 1 Regimentsquartiermeister, 1 Feldprediger, 1 Auditor, 1 Regimentsfeldscherer, 12 Kompaniefeldscherer, 1 Regimentstambour, 1 Büchsenmacher, 1 Profos.

8 Etwa zur Zeit der Schlacht bei Mollwitz gehörten zu einer preußischen Artilleriebatterie: 20 Dreipfünder, 4 Zwölfpfünder, 4 fünfzigpfündige Mörser und 4 Haubitzen.

9 Folgende preußische Truppenteile waren bei Prag beteiligt: Grenadierbataillone der Regimenter Nr. 6, 7, 10, 22, 28, 45, 47 und 48. Infanterieregimenter Nr. 1, 3, 7, 8, 9, 12, 13, 17, 18, 19, 23 (Verluste von 600 Mann), 24 (an seiner Spitze fiel von Schwerin, Verlust von 450 Mann), 26–33, 35, 37–43 und 46. Kürassierregimenter Nr. 1, 3–9, 11, 12 und 13. Dragonerregimenter Nr. 1, 2, 3, 4, 11 und 12. Husarenregimenter Nr. 1, 2, 3, 4, 6 (erbeutete die österreichische Schatztruhe und brachte 1200 Gefangene ein) und 8.

10 Folgende preußische Truppenteile waren bei Kolin beteiligt: Grenadierkompanien der Regimenter Nr. 9, 10, 13, 25, 31, 33, 39, 42, 44 und 47. Infanterieregimenter Nr. 3, 7, 15 (ein Bataillon/Garde), 17, 20 (Verlust von 800 Mann), 21, 22, 25, 28, 29, 35, 36 (nur 97 Überlebende), 40 und 41. Kürassierregimenter Nr. 1, 2, 3, 4, 6, 7, 8, 11 und 12. Dragonerregimenter Nr. 1, 2, 3, 4, 11 und 12 Husarenregimenter Nr. 1, 2, 3, 4, 6 und 8. Verwundete Offiziere im Generalsrang: von Treskow, Zieten, Hülsen, Mannstein, Manteuffel und Ingersleben.

11 Unter von Lehwaldts Befehl standen bei Groß-Jägersdorf. Grenadierbataillone von Gohr, Lossow, Polenz und Mannstein. Infanterieregimenter Nr. 2, 4, 11, 14 und 16. Dragonerregimenter Nr. 6, 7, 8, 9 und 10. Husarenregimenter Nr.

Von links nach rechts: Conducteur, Ingenieuroffizier und ein Offizier der Fußartillerie.

5 und 7, sowie eine Bosnische Eskadron des Husarenregiments Nr. 9.

12 Folgende preußische Truppenteile waren bei Roßbach beteiligt: Grenadierkompanien der Regimenter Nr. 7, 17, 20, 22, 25, 30 und 46. Infanterieregimenter Nr. 1, 5, 6, 9, 13, 15, 19, 21, 23, 24 und 26. Kürassierregimenter Nr. 3, 7, 8, 10 und 13. Dragonerregimenter Nr. 3 und 4. Husarenregiment 1.

13 Folgende preußische Truppenteile waren bei Leuthen beteiligt: Grenadierkompanien der Regimenter Nr. 3, 12, 15, 21, 22, 24, 29, 31, 37, 40, 44, 45, 47 und 48. Infanterieregimenter Nr. 1, 5, 6, 8, 10, 13, 15, 17, 18, 19, 20, 23, 25, 26 (27 Offiziere erhielten den Pour le mérite), 27, 30, 34-37, 39, 41 und 46. Freibataillone Le Noble, Angenelli und Kalben. Kürassierregimenter Nr. 1, 2, 5, 6, 7, 8, 11 und 12. Dragonerregimenter Nr. 1, 2, 4, 5, 11 und 12. Husarenregimenter Nr. 1, 2, 4, 6 und 8.

14 Folgende preußische Truppenteile waren bei Zorndorf beteiligt: Grenadierkompanien der Regimenter Nr. 1, 8, 17, 38 und 43. Infanterieregimenter Nr. 2, 4, 7, 11, 14, 16, 18, 22, 23, 25, 27, 37, 40, 41, 46 und 49. Kürassierregimenter Nr. 2, 5, 8, 10, 11 und 13. Dragonerregimenter Nr. 1, 4, 6, 7 und 8. Husarenregimenter Nr. 2, 5 und 7.

15 Folgende preußische Truppenteile waren bei Hochkirch beteiligt: Grenadierkompanien der Regimenter Nr. 3, 12, 15, 21, 27, 37, 39, 40, 41, 44, 45 und 48. Infanterieregimenter Nr. 1, 5, 6, 8, 10, 11, 13, 14 (Verlust von 1000 Mann), 15, 17, 18 (fast völlig aufgerieben), 19, 20 (Verlust von 500 Mann), 23, 26, 29 und 30. Freibataillone von Angenelli und du Berger. Kürassierregimenter Nr. 1, 4, 6, 8-13. Dragonerregimenter Nr. 1, 2, 4, 5 und 12. Husarenregimenter Nr. 2, 4, 6 und 8. Unter den preußischen Gefallenen befanden sich Feldmarschall Keith, Prinz Franz von Braunschweig, Prinz Moritz von Anhalt-Dessau und die Generale von Krockow und von Hagen (Geist).

16 Folgende preußische Truppenteile waren bei Kunersdorf beteiligt: Grenadierkompanien der Regimenter Nr. 5, 8, 11, 13, 20, 22, 25, 26, 30, 32 und 40. Infanterieregimenter Nr. 2, 7, 9, 12, 14, 16, 19, 21 (Verlust von 700 Mann), 24, 29, 31 (Verlust von 430 Mann), 35, 37, 39, 41, 43 (Verlust von 550 Mann), 46, 47 (nur zwei Offiziere und 600 Mann überlebten) und 49 sowie Garnisonsregiment Nr. 2. Kürassierregimenter Nr. 1, 2, 3, 5, 7 und 12. Dragonerregimenter Nr. 2, 3, 6, 8 und 11. Husarenregimenter Nr. 1, 2, 3, 4, 5, 7 und 8. Entsprechend einer Quellenangabe beliefen sich die russischen Verluste auf insgesamt 16 000 Mann; die Preußen verloren 534 Offiziere, 17 900 Mann und 172 Geschütze; zwölf Generäle wurden verwundet und einer (von Puttkamer) fiel.

17 Folgende preußische Truppenteile waren am nächtlichen Gefecht gegen Laudon bei Liegnitz beteiligt: Grenadierkompanien der Regimenter Nr. 8, 12, 15, 20, 29, 33, 39 und 42. Infanterieregimenter Nr. 1, 3, 5, 6, 10, 13, 15, 18, 23, 24, 26, 31, 34, 40 und 41. Kürassierregimenter Nr. 2, 3, 5, 8, 10, 11 und 13. Dragonerregimenter Nr. 1, 2, 4, 9 und 10. Husarenregimenter Nr. 2 und 3.

Zwei Angehörige des Kadettenkorps und ein Soldat des Invalidenkorps.

18 Bei Torgau verloren die Preußen fast 17 000 Mann, während sich die österreichischen Verluste auf 15 200 Mann beliefen. Von den 6000 an der Schlacht beteiligten preußischen Grenadieren wurden etwa 600 schwer verwundet. Zwei preußische Generäle, rund 90 Offiziere und 4000 Soldaten gerieten in österreichische Gefangenschaft. Folgende preußische Truppenteile waren beteiligt: Grenadierkompanien der Regimenter Nr. 1, 2, 3, 9, 10, 11, 14, 15, 29, 33, 38, 42, 43 und 46. Infanterieregimenter Nr. 1, 5, 6, 7, 8, 13, 15-26, 30, 31, 35, 41, 45 und 49. Kürassierregimenter Nr. 1, 2, 3, 4, 5, 8, 10-13. Dragonerregimenter Nr. 1, 2, 4, 5, 6, 7, 11 und 12. Husarenregimenter Nr. 1, 2, 3, 4 und 6.

Farbtafeln

A1 Grenadier zu Pferde, Regiment von der Schulenburg, Sommeruniform, 1729–41

Das Regiment wurde 1705 von Generalmajor von Derfflinger (Sohn des berühmten Reitergenerals unter dem Großen Kurfürsten) als Dragonerregiment (Nr. 3) errichtet. 1713 wurde ihm der Name „Grenadiere zu Pferde" verliehen. Von diesem Zeitpunkt ab trug es die charakteristische Grenadiermütze. 1724 übernahm von der Schulenburg, der 1728 Generalmajor und 1740 Ritter des Schwarzen Adler wurde, das Regiment. Zu Beginn des Ersten Schlesischen Krieges hatte es keine Erfolge zu verzeichnen. Es wurde von der österreichischen Kavallerie in die Flucht geschlagen, als es die königliche Eskorte bildete. Friedrich wäre damals beinahe in österreichische Gefangenschaft geraten. Aufgrund dieses Versagens wurde dem Regiment sein besonderer Name entzogen. Die Grenadiere führten wieder die Bezeichnung Dragoner. Bei Mollwitz wurde das Regiment erneut von der österreichischen Kavallerie geschlagen. Friedrich brandmarkte sie mit der Bemerkung, daß von Schulenburgs Dragoner noch nie etwas getaugt hätten. Von der Schulenburg wurde durch einen Säbelhieb quer übers Gesicht verwundet, warf sich aber wieder in den Kampf und wurde von einer Kugel getroffen. Später diente das Dragonerregiment mit Auszeichnung unter seinen Chefs Graf von Rothenburg, Freiherr von Schönaich und Graf von Truchseß.

A2 Grenadier des Garde-Grenadierbataillons (Nr. 6), Sommeruniform, ca. 1745

Das 1675 in Brandenburg errichtete Infanterieregiment Nr. 6 war ab 1701 als Regiment des Kronprinzen bekannt. 1711 wurde Friedrich Wilhelm (Vater Friedrichs des Großen) sein Chef, der bei seiner Thronbesteigung im Jahre 1713 dem Regiment den Status der Garde verlieh. Seine drei Bataillone hatten insgesamt 18 Kompagnien, drei Obersten und zwei Oberstleutnante. Der König reihte in dieses Regiment, das auch als Potsdamer Riesengarde bekannt war, großgewachsene Männer aus ganz Europa ein. Die Anwerbung des 2,10 m langen Iren, James Kirkland, ließ sich Friedrich Wilhelm 1266 Pfund Sterling kosten. Als Friedrich 1740 den Thron bestieg, zahlte er jeden aus, der den Dienst quittieren wollte. Das Regiment wurde in ein Grenadiergardebataillon umgewandelt. Unteroffiziere unterschieden sich von den Grenadieren durch einen andersartigen Besatz an ihren Uniformen und waren statt mit einer Muskete mit einer Pike bewaffnet. Auch die Kompanieoffiziere trugen eine Pike und als Kopfbedeckung einen Dreispitz. Der Rock war silbern besetzt. Zu ihrer Uniform gehörte außerdem eine silberne Schärpe.

A3 Grenadier, Infanterieregiment von Arnim (Nr. 5), Sommer-Felddienstuniform, ca. 1729

Das Regiment wurde 1672 von Oberst von Schöning errichtet und später zum Leibregiment. Diese Funktion verlor es 1713 wieder und erhielt den Namen seines Chefs, des späteren Generalfeldmarschalls von Arnim. Während der Schlesischen Kriege wurde das Regiment von Wedell, dann von Bonin und schließlich ab 1755 vom Herzog Ferdinand von Braunschweig geführt, der 1766 zum Generalfeldmarschall avancierte. Anschließend übernahm von Saldern das Regiment. Die Uniformen der Grenadiere und Musketiere unterschieden sich nur geringfügig voneinander. Die Grenadiere trugen ihre spezielle Kopfbedeckung (Grenadiermütze). Die Taschen mit Zündern für die Granaten waren nicht allgemein üblich. In späterer Zeit befand sich die Lunte am Schultergehenk.

Ein Unteroffizier des schlesischen Garnisonsregiments von Heicking (Nr. 8), ein berittener Kurier und ein Oboenspieler der Fußartillerie.

Die Grenadierkompanien von jeweils zwei Regimentern wurden beim Kampf zu einem Grenadierbataillon zusammengefaßt. Grenadiere galten als Elitesoldaten der Infanterie.

B Reiter, Husarenregiment von Ruesch (Nr. 5), Sommeruniform, ca. 1744

Das Regiment besaß fünf Eskadronen und ging 1741 aus einer Kadereskadron des Husarenregiments Nr. 1 (ursprünglich Preußische Husaren) hervor. 1745 wurde es durch eine bosnische Einheit erweitert, die später aber wieder ausschied. Das Husarenregiment Nr. 5 überlebte den Zusammenbruch im Jahr 1806 und war in der Folgezeit das älteste Husarenregiment der preußischen Armee. Aus ihm gingen später die Husarenregimenter Nr. 1 und 2 der Totenkopfhusaren hervor. Der erste Chef des Regiments war Oberst von Mackerodt, der 1743 in Schlesien starb. Ihm folgte von Ruesch, ein Ungar, der vorher in der österreichischen Armee gedient hatte. 1750 wurde er Generalmajor und drei Jahre später erhob der König ihn in den Freiherrnstand.

C1 Leutnant, Husarenregiment von Dewitz (Nr. 1). Parade- und Sommer-Felddienstuniform, ca. 1748.

Aus sechs Eskadronen der Preußischen Husaren wurde 1737 das Husarenregiment Nr. 1 unter von Bronikowski gebildet. Es diente zur Verstärkung des Husarenregiments Nr. 2 (Leib- oder Berliner Husaren). Aus seinen Reihen gingen dann die Husarenregimenter Nr. 3 und 5 hervor. Das Regiment hatte an andere Formationen ständig erfahrene Soldaten abzustellen, so daß Bronikowski zeitweilig nur noch über zehn Mann in jeder Eskadron verfügte. Er sah sich daher gezwungen, es umzubilden und neue Leute anzuwerben. 1742 wurden fünf weitere Eskadronen aufgestellt. Bronikowskis Nachfolger, von Dewitz hatte bis 1735 in österreichischen Diensten gestanden. Ihm folgte Oberst von Szekely, ein Ungar, der aus dem sächsischen Heer kam. Nicht alle preußischen Husaren trugen den traditionellen, verzierten, ungarischen Waffenrock und den Dolman. Einige, wie beispielsweise das Husarenregiment Nr. 2, trugen einfachere Kleidung, die aus einem kittelartigen Rock und einem Umhang bestand.

C2 Musketier, Infanterieregiment von Forcade (Nr. 23), Sommeruniform, ca. 1756

Es handelte sich um ein berühmtes Regiment, das, abgesehen vom nächtlichen Überfall bei Hochkirch am 14. Oktober 1758, niemals geschlagen worden ist

Ein Ulan der bosnischen Ulaneneskadron des Husarenregiments Nr. 9 (Bosniakenregiment) im Nahkampf mit einem österreichischen Füsilier.

und stets erfolgreich focht. Generalmajor von Kameke errichtete es 1713 aus Kadern der Infanterieregimenter Nr. 1 und Nr. 13. 1716 übernahm von Forcade die Führung. Sein Sohn war von 1748–1756 der sechste Chef. Er bekleidete bei der Übernahme des Regiments den Dienstgrad eines Generalmajors und nahm mit seinen Soldaten an den Schlachten bei Mollwitz, Hohenfriedberg, Soor, Prag, Roßbach, Leuthen, Zorndorf, Torgau und Freiberg teil. Bei Soor wurde er so schwer verwundet, daß man ihn für tot hielt und auf dem Schlachtfeld zurückließ.

C3 Bombardier, Artillerie, Felduniform, ca. 1750

Die Bombardiere waren vornehmlich für den Einsatz der Haubitzen und Mörser verantwortlich. In jedem der drei Bataillone eines Artillerieregiments befanden sich etwa 70 bis 80 Bombardiere. Die Bedienungsmannschaften der Kanonen wurden von den Kanonieren gestellt, bei denen es sich gewöhnlich um schwächlichere Leute handelte. In der Regel kam auf jeweils neun Kanoniere ein Bombardier. Die Uniformen beider waren gleich bis auf die Kopfbedeckung. Sie entsprach bei den Bombardieren der der Füsiliere, während die Kanoniere einen dreieckigen Hut (Dreispitz) trugen. Den Geschützen waren Musketiere zugeteilt, die dort Handlangerdienste zu verrichten hatten, vor allem das Instellungbringen der Geschütze, die Errichtung von Geschützständen und das Heranschaffen von Munition.

D1 Freijäger, Freiregiment le Noble, Sommer-Felddienstuniform, 1756–63

Franz le Noble trat 1756 in preußische Dienste und stellte in Naumburg ein Freibataillon auf. Er nahm an der Belagerung von Breslau und Schweidnitz teil. 1760 geriet er in österreichische Gefangenschaft, aus der er nach drei Jahren entlassen wurde. Anschließend führte er ein aus zwei Bataillonen bestehendes Freiregiment, das seinen Namen trug. Danach verfügte die preußische Armee über acht Freiregimenter und vier selbständige Freibataillone. Außerdem gab es noch weitere Freitruppen, so die Freigrenadiere des Majors von Hülsen, die 1762 mit den Grenadieren von Schonys ein Bataillon bildeten. Der hier gezeigte Jäger trägt eine charakteristische Kopfbedeckung, die der österreichischen ähnelt. Er ist mit einem gezogenen Karabiner, der sogenannten Büchse, bewaffnet. Die Musketiere der Freitruppen trugen dreieckige Hüte und anstelle von Schaftstiefeln Tuchgamaschen.

D2 Bosnischer Ulan, Bosnisches Korps, Sommerbekleidung, ca. 1760.

Anfänglich besaß die preußische Kavallerie keine Ulanen, was sich bald als Nachteil herausstellte, als die in sächsischen Diensten stehenden polnischen Ulanen wie auch die berittenen ungarischen Panduren den Preußen gegenüberstanden. Friedrich nahm daher Deserteure und Gefangene aus Ungarn in seine Dienste. Darunter waren Bosniaken, Kosaken aus Galizien und Reste der 50 Jahre zuvor von Peter dem Großen fast ganz ausgerotteten Saporoschje-Kosaken. Die bosnischen Ulanen bildeten 1745 eine Eskadron (Fahne) des preußischen Husarenregiments Nr. 5. Bis 1760 war die Zahl der bosnischen Eskadronen auf zehn angestiegen, von denen 1763 nur eine verblieb. Als 1771 wieder zehn Eskadronen bestanden, wurden sie in einem eigenen Regiment, dem Bosniakenregiment Nr. 9, zusammengefaßt. Sie gehörten zu den Husaren. Ihr Chef, Generalmajor von Lossow, führte zugleich das Husarenregiment Nr. 5. Die Offiziere trugen ähnliche Uniformen wie die hier dargestellte. Ihre leichte Jacke war jedoch mit Pelz gesäumt. Außerdem waren Jacke und Waffenrock quer über die Brust verziert. Später wurde diese Uniform durch eine nach Art der Husaren ersetzt. Beibehalten wurden die sackförmigen Hosen.

D3 Grenadier, Freitruppen von Schony, Sommeruniform, ca. 1761

Der Ungar von Schony trat als Major in preußische Dienste. Er kam 1761 aus der württembergischen Armee und stellte Freitruppen auf, die neben Reitern aus Infanteristen, Grenadieren und Jägern bestanden. Diese Truppen bewährten sich und kämpften hauptsächlich gegen die Russen. Ihre Uniformen waren denen der Husaren angeglichen. Der abgebildete Grenadier trägt eine große mit Pelz besetzte Mütze, die mit einem Zipfel versehen war, während die Infanteristen einen dreieckigen Hut besaßen.
Bei den Husaren dieser Freitruppe fehlte der sonst übliche Überrock. Sie hatten Schaftstiefel, Reithosen und eine kegelförmige Mütze wie die Trompeter in den Husarenregimentern der Linienkavallerie.

E Reiter, Husarenregiment von Vippach (Nr. 4), Sommer-Felddienstuniform, ca. 1752

Im Jahr 1740 erteilte Friedrich der Große dem preußischen Husarenoberst von Natzmer den Auftrag, aus Polen und Litauen ein Ulanenregiment zu rekrutieren. Ulanen waren eine typisch polnische Gattung der Kavallerie ebenso wie die Husaren aus Ungarn kamen. Natzmers Ulanenregiment wurde erstmalig zusammen mit dem von Zieten geführten Husarenregiment Nr. 2

Reiter des Kürassierregiments Nr. 2, das 1666 als Regiment zu Pferde errichtet worden war. Es war später das Regiment des Prinzen Heinrich von Preußen.

eingesetzt. Bei Alt-Grotkau erlitten die Ulanen, die in der Benutzung ihrer Lanzen ungeübt waren, schwerste Verluste. Das Ulanenregiment wurde aufgelöst und aus ihm das Husarenregiment Nr. 4, die sogenannten Weißen Husaren, gebildet. Bis zu seinem Tode im Jahr 1751 war von Natzmer Chef dieses Regiments. Ihm folgte Oberst von Vippach, der aus Sachsen-Gotha stammte und 1740 in preußische Dienste trat. 1743 diente auch von Seydlitz als Rittmeister im Husarenregiment Nr. 4.

F1 Trommler, Infanterieregiment von Below (Nr. 11), Sommer-Felddienstuniform, ca. 1757

Bis zum Jahr 1749 hatte das Regiment als Chef den Herzog von Holstein. Es war 1685 aus dem Regiment Holstein und Spaen hervorgegangen und bildete später den Stamm für das Infanterieregiment Nr. 20. 1749 übernahm von Below das Regiment und stieg bis zum Generalleutnant auf. Ihm folgte 1758 Generalmajor von Rebentisch. Musiker waren an ihrem besonderen Schulter- und Ärmelbesatz zu erkennen. Im übrigen trugen sie die gleiche Uniform wie die Musketiere.

F2 Grenadier, Infanterieregiment von Canitz (Nr. 2), Sommer-Felddienstuniform, ca. 1762

Bei diesem Regiment handelt es sich um eines der ältesten der preußischen Armee. Es war 1656 als Feldregiment Nr. 2 unter dem Prinzen Radziwill aus der kurfürstlichen Leibgarde zu Fuß hervorgegangen. Bevor von Canitz das Regiment übernahm, waren seine Chefs von Röder und von Schlichting gewesen. Die Waffenröcke trugen ähnlich wie die des Infanterieregiments Nr. 5 einen Doppelknopflochbesatz.

F3 Dragoner, leichtes Bataillon des Generals Gschrey, Sommeruniform, ca. 1761

Der 1692 in Mannheim geborene von Gschrey diente zunächst in der bayerischen, dann in der französischen Armee. 1756 trat er in sächsische Dienste. Auf dem Marsch nach Pirna wurde er von preußischen Husaren gefangengenommen. Friedrich ersuchte ihn, für das preußische Heer eine 600 Mann umfassende leichte Reiterei aufzustellen. Anfangs erwies er sich als ein unwilliger Untergebener. Schließlich wurde er im Jahr 1761 zum Generalmajor befördert. Er rekrutierte einen 1600 Mann starken Verband aus Dragonern und leichten Infanteristen. Die Uniformen seiner Fußtruppen und seiner Reiter unterschieden sich nicht voneinander. Lediglich trugen die Infanteristen statt Reitstiefeln

Soldaten des Genadier-Gardebataillons (Nr. 6), in das 1740 nach Auflösung der Potsdamer Riesengarde ein Teil der langen Kerls des Grenadier-Garderegiments Friedrich Wilhelms I. aufgenommen wurde.

Gamaschen und führten den kurzen Krummsäbel anstelle des von den Kürassieren benutzten schweren Pallasch.

G1 und G2 Offizier und Grenadier, Königliches Regiment Garde (Nr. 15), Sommeruniform, ca. 1786

Bis zum Jahr 1718 wurde das Regiment von Graf von Lottum geführt. Ihm folgte Freiherr von Könen. Im Anschluß hieran übernahm für weitere elf Jahre von der Goltz das Regiment. Friedrich Wilhelm I. übertrug es dann seinem kurz zuvor aus der Festungshaft in Küstrin entlassenen Sohn Friedrich. Von der Goltz erhielt das Infanterieregiment Nr. 5, Friedrichs Infanterieregiment (Nr. 15) wurde in „Regiment Kronprinz“ umbenannt und war eng mit seinem Schicksal verknüpft. Durch die Beförderung des Kronprinzen zum Generalmajor im Jahr 1732 stieg auch der Rang seines Regiments. Drei Jahre später trat Prinz Ferdinand von Preußen als Fähnrich in das Regiment ein. Als es Friedrich übernahm, führte es die Farben Gold und Gelb. Da er aber Silber und Weiß bevorzugte, wurden die Farben aufgrund eines königlichen Erlasses entsprechend geändert.

1733 erhielt das Regiment blaue Röcke mit roten Aufschlägen. Wams und Hosen waren strohgelb. Wie bei den meisten Regimentern bestand zwischen der Sommer- und der Winteruniform kein Unterschied, lediglich hatte das im Winter getragene Wams lange Ärmel. Als Friedrich im Jahr 1740 den Thron bestieg, verkleinerte er die von seinem Vater übernommene Garde der Langen Kerls (Infanterieregiment Nr. 6) und schuf daraus ein Grenadier-Gardebataillon. Sein eigenes Infanterieregiment (Nr. 15) formte er zu einer Leibgarde um. Das erste Bataillon wurde das I. Bataillon Garde, das einen besonderen Vorzug genoß. Die beiden übrigen Bataillone wurden aus Abgaben anderer Regimenter rekrutiert.

G3 Offizier, Garde du Corps, Galawachanzug, ca. 1786
Kurz nach seiner Thronbesteigung errichtete Friedrich die Garde du Corps, dem die Bewachung der königlichen Anwesen oblag. Ursprünglich nur aus einer Eskadron bestehend, wurde sie vom Stabsrittmeister von Platen geführt, der vom Dragonerregiment Nr. 9 kam. Im Felde teilte sie ihre Aufgaben mit dem Regiment Gensdarmes (Kürassierregiment Nr. 10). Erst im Jahre 1756 wurde die Garde du Corps unter Erweiterung durch zwei Eskadronen, die sich größtenteils aus bei Pirna gefangengenommenen Sachsen rekrutierten, zu einem Regiment mit der Stammnummer 13 ausgebaut. Da die sächsischen Kürassiere nicht allzu zuverlässig waren, wurden sie im folgenden Jahr durch preußische Kavalleristen aus anderen Regimentern ersetzt. Schließlich wuchs das Regiment auf fünf Eskadronen – jede aus zwei Kompanien bestehend – an. Der

Offiziere des Infanterieregiments Nr. 18 (Regiment des Königs). Von Friedrich dem Großen wurde dieses Regiment als eines der besten in seiner Armee bezeichnet.

Ein Angehöriger des Jägerkorps zu Fuß während eines Scharmützels.

hier gezeigte Offizier trägt den Stern der Garde und den schweren Kürassiersäbel, den Pallasch. Nicht abgebildet ist die auf der linken Seite getragene Säbeltasche. Andere im Hofdienst tätige Ränge hatten ähnliche Uniformen, jedoch ohne Fransen am Waffenrock und Huttressen. Sie trugen dunkelfarbige, geknöpfte Gamaschen. Als Waffe führten sie neben dem Pallasch einen Karabiner.

H2 Unteroffizier Mineurkorps, Winteruniform, ca. 1792
Pontoniere und Mineure wurden ursprünglich zur Artillerie gerechnet. 1741 errichtete Friedrich unter dem Generalmajor von Walrave ein Pionierregiment (Nr. 49) mit zehn Pionier- und zwei Minenkompanien. Die Pontoniere wurden mit den Pionieren vereinigt, aber 1742 wieder von ihnen getrennt. Unter Vermehrung der Zahl ihrer Kompanien bildeten die Mineure ab 1783 ein eigenes Korps. Die vom Pionierregiment im Jahr 1742 getrennten Pontoniere wurden zu einer selbständigen Kompanie unter dem Hauptmann von Castilhon zusammengefaßt. Kriegsmäßig hatte diese Kompanie – einschließlich der Offiziere – einen Sollbestand von 93 Mann. Nach den Feldzügen verblieb bei den Pontonieren jeweils nur ein geringer Mannschaftsbestand. Im Krieg befanden sich die Pontons beim großen Artillerietrain, wo bei jeder Armee ein Stabsoffizier der Artillerie das Kommando über die Pontons führte.

Offizier, Unteroffizier und Mineur des Mineurkorps.

H2 Regimentsquartiermeister der Infanterie, Winteruniform, ca. 1761

Er war eher ein Beamter als ein Soldat. Seine Uniform entsprach größtenteils der des Regiments, bei dem er tätig war. Eine Uniform gleicher Art trugen auch der Feldscherer (Arzt) und der Auditor. Zusammen mit dem Feldprediger, dem Profos und zwei Büchsenmachern bildeten sie den Unterstab des Regiments.

H3 Proviantknecht, Train, Winteruniform, ca. 1756

Friedrich der Große legte großen Wert auf die Anlage von Magazinen, sowie auf Transport- und Nachschubwesen, so daß auch im feindlichen Gebiet die Versorgung seiner Armee sichergestellt war. Er verfügte hierfür über eine spezielle, disziplinierte Truppe, die besondere Uniformen wie die hier gezeigte trugen. Offiziere hatten statt der Gamaschen Schaftstiefel. Ihr Dreispitz war mit einem silberfarbenen Rand verziert. Außerdem besaßen sie einen Säbel.